사고력 수학 소마가 개발한 연산학습의 새 기준!!
소마의 **마술같은 원리셈**

소마 셈

P5
7세·1학년

- 엄마와 함께 연산활동   06
- 1주차 – 8과 9 가르기   07
- 2주차 – 8과 9 모으기   25
- 3주차 – 9까지의 가르기와 모으기   43
- 4주차 – 반과 두 배   55
- Drill (보충학습)   67
- 정답   77

KB094306

수학이 즐거워지는 특별한 수학교실
소마에서 개발한 연산교재 소마셈 **소마셈**

2002년 대치소마 개원 이후로 끊임없는 교재 연구와 교구의 개발은 소마의 자랑이자 자부심입니다. 교구, 게임, 토론 등의 다양한 활동식 수업으로 스스로 문제해결능력을 키우고, 아이들이 수학에 대한 흥미와 자신감을 가질 수 있도록 차별성 있는 수업을 해 온 소마에서 연산 학습의 새로운 패러다임을 제시합니다.

연산 교육의 현실

연산 교육의 가장 큰 폐해는 '초등 고학년 때 연산이 빠르지 않으면 고생한다.'는 기존 연산 학습지의 왜곡된 마케팅으로 인해 단순 반복을 통한 기계적 연산을 강조하는 것입니다. 하지만, 기계적 반복을 위주로 하는 연산은 개념과 원리가 빠진 연산 학습으로써 아이들이 수학을 싫어하게 만들 뿐 아니라 사고의 확장을 막는 학습방법입니다.

초등수학 교과과정과 연산

초등교육과정에서는 문자와 기호를 사용하지 않고 말로 풀어서 연산의 개념과 원리를 설명하다가 중등교육과정부터 문자와 기호를 사용합니다. 교과서를 살펴보면 모든 연산의 도입에 원리가 잘 설명되어 있습니다. 요즘 현실에서는 연산의 원리를 묻는 서술형 문제도 많이 출제되고 있는데 연산은 연습이 우선이라는 인식이 아직도 지배적입니다.

연산 학습은 어떻게?

연산 교육은 별도로 떼어내어 추상적인 숫자나 기호만 가지고 다뤄서는 절대로 안됩니다. 구체물을 가지고 생각하고 이해한 후, 연산 연습을 하는 것이 필요합니다. 또한, 속도보다 정확성을 위주로 학습하여 실수를 극복할 수 있는 좋은 습관을 갖추는 데에 초점을 맞춰야 합니다.

소마셈 연산학습 방법

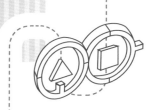

 10이 넘는 한 자리 덧셈　　구체물을 통한 개념의 이해

덧셈과 뺄셈의 기본은 수를 세는 데에 있습니다. 8+4는 8에서 1씩 4번을 더 센 것이라는 개념이 중요합니다. 10의 보수를 이용한 받아 올림을 생각하면 8+4는 (8+2)+2지만 연산 공부를 시작할 때에는 덧셈의 기본 개념에 충실한 것이 좋습니다. 이 책은 구체물을 통해 개념을 이해할 수 있도록 구체적인 예를 든 연산 문제로 구성하였습니다.

 가로셈　　가로셈을 통한 수에 대한 사고력 기르기

세로셈이 잘못된 방법은 아니지만 연산의 원리는 잊고 받아 올림한 숫자는 어디에 적어야 하는지만을 기억하여 마치 공식처럼 풀게 합니다. 기계적으로 반복하는 연습은 생각없이 연산을 하게 만듭니다. 가로셈을 통해 원리를 생각하고 수를 쪼개고 붙이는 등의 과정에서 키워질 수 있는 수에 대한 사고력도 매우 중요합니다.

 곱셈구구　　곱셈도 개념 이해를 바탕으로

곱셈구구는 암기에만 초점을 맞추면 부작용이 큽니다. 곱셈은 덧셈을 압축한 것이라는 원리를 이해하며 구구단을 외움으로써 연산을 빨리 할 수 있다는 것을 알게 해야 합니다. 곱셈구구를 외우는 것도 중요하지만 곱셈의 의미를 정확하게 아는 것이 더 중요합니다. 4×3을 할 줄 아는 학생이 두 자리 곱하기 한 자리는 안 배워서 45×3을 못 한다고 말하는 일은 없도록 해야 합니다.

소마셈 ★ 학습가이드

K단계 (5, 6, 7세) · 연산을 시작하는 단계

뛰어세기, 거꾸로 뛰어세기를 통해 수의 연속한 성질(linearity)을 이해하고 덧셈, 뺄셈을 공부합니다. 각 권의 호흡은 짧지만 일관성 있는 접근으로 자연스럽게 나선형식 반복학습의 효과가 있도록 하였습니다.

학습대상 : 연산을 시작하는 아이와 한 자리 수 덧셈을 구체물(손가락 등)을 이용하여 해결하는 아이
학습목표 : 수와 연산의 튼튼한 기초 만들기

P단계 (7세, 1학년) · 받아올림이 있는 덧셈, 뺄셈을 배울 준비를 하는 단계

5, 6, 9 뛰어세기를 공부하면서 10을 이용한 더하기, 빼기의 편리함을 알도록 한 후, 가르기와 모으기의 집중학습으로 보수 익히기, 10의 보수를 이용한 덧셈, 뺄셈의 원리를 공부합니다.

학습대상 : 받아올림이 없는 한 자리 수의 덧셈을 할 줄 아는 학생
학습목표 : 받아올림이 있는 연산의 토대 만들기

A단계 (1학년) · 초등학교 1학년 교과과정 연산

받아올림이 있는 한 자리 수의 덧셈, 뺄셈은 연산 전체에 매우 중요한 단계입니다. 원리를 정확하게 알고 A1에서 A4까지 총 4권에서 한 자리 수의 연산을 다양한 과정으로 연습하도록 하였습니다.

학습대상 : 초등학교 1학년 수학교과과정을 공부하는 학생
학습목표 : 10의 보수를 이용한 받아올림이 있는 덧셈, 뺄셈

B단계 (2학년) · 초등학교 2학년 교과과정 연산

두 자리, 세 자리 수의 연산을 다룬 후 곱셈, 나눗셈을 다루는 과정에서 곱셈구구의 암기를 확인하기보다는 곱셈구구를 외우는데 도움이 되고, 곱셈, 나눗셈의 원리를 확장하여 사고할 수 있도록 하는데 초점을 맞추었습니다.

학습대상 : 초등학교 2학년 수학교과과정을 공부하는 학생
학습목표 : 덧셈, 뺄셈의 완성 / 곱셈, 나눗셈의 원리를 정확하게 알고 개념 확장

C단계 (3학년) · 초등학교 3, 4학년 교과과정 연산

B단계까지의 소마셈은 다양한 문제를 통해서 학생들이 즐겁게 연산을 공부하고 원리를 정확하게 알게 하는데 초점을 맞추었다면, C단계는 3학년 과정의 큰 수의 연산과 4학년 과정의 혼합 계산, 괄호를 사용한 식 등, 필수 연산의 연습을 충실히 할 수 있도록 하였습니다.

학습대상 : 초등학교 3, 4학년 수학교과과정을 공부하는 학생
학습목표 : 큰 수의 곱셈과 나눗셈, 혼합 계산

D단계 (4학년) · 초등학교 4, 5학년 교과과정 연산

분모가 같은 분수의 덧셈과 뺄셈, 소수의 덧셈과 뺄셈을 공부하여 초등 4학년 과정 연산을 마무리하고 초등 5학년 연산과정에서 가장 중요한 약수와 배수, 분모가 다른 분수의 덧셈과 뺄셈을 충분히 익힐 수 있도록 하였습니다.

학습대상 : 초등학교 4, 5학년 수학교과과정을 공부하는 학생
학습목표 : 분모가 같은 분수의 덧셈과 뺄셈, 소수의 덧셈과 뺄셈, 분모가 다른 분수의 덧셈과 뺄셈

소마셈 단계별 학습내용

K단계 추천연령 : 5, 6, 7세

단계	K1	K2	K3	K4
권별 주제	10까지의 더하기와 빼기 1	20까지의 더하기와 빼기 1	10까지의 더하기와 빼기 2	20까지의 더하기와 빼기 2
단계	K5	K6	K7	K8
권별 주제	10까지의 더하기와 빼기 3	20까지의 더하기와 빼기 3	20까지의 더하기와 빼기 4	7까지의 가르기와 모으기

P단계 추천연령 : 7세, 1학년

단계	P1	P2	P3	P4
권별 주제	30까지의 더하기와 빼기 5	30까지의 더하기와 빼기 6	30까지의 더하기와 빼기 10	30까지의 더하기와 빼기 9
단계	P5	P6	P7	P8
권별 주제	9까지의 가르기와 모으기	10 가르기와 모으기	10을 이용한 더하기	10을 이용한 빼기

A단계 추천연령 : 1학년

단계	A1	A2	A3	A4
권별 주제	덧셈구구	뺄셈구구	세 수의 덧셈과 뺄셈	□가 있는 덧셈과 뺄셈
단계	A5	A6	A7	A8
권별 주제	(두 자리 수)+(한 자리 수)	(두 자리 수)-(한 자리 수)	두 자리 수의 덧셈과 뺄셈	□가 있는 두 자리 수의 덧셈과 뺄셈

B단계 추천연령 : 2학년

단계	B1	B2	B3	B4
권별 주제	(두 자리 수)+(두 자리 수)	(두 자리 수)-(두 자리 수)	세 자리 수의 덧셈과 뺄셈	덧셈과 뺄셈의 활용
단계	B5	B6	B7	B8
권별 주제	곱셈	곱셈구구	나눗셈	곱셈과 나눗셈의 활용

C단계 추천연령 : 3학년

단계	C1	C2	C3	C4
권별 주제	두 자리 수의 곱셈	두 자리 수의 곱셈과 활용	두 자리 수의 나눗셈	세 자리 수의 나눗셈과 활용
단계	C5	C6	C7	C8
권별 주제	큰 수의 곱셈	큰 수의 나눗셈	혼합 계산	혼합 계산의 활용

D단계 추천연령 : 4학년

단계	D1	D2	D3	D4
권별 주제	분모가 같은 분수의 덧셈과 뺄셈(1)	분모가 같은 분수의 덧셈과 뺄셈(2)	소수의 덧셈과 뺄셈	약수와 배수
단계	D5	D6		
권별 주제	분모가 다른 분수의 덧셈과 뺄셈(1)	분모가 다른 분수의 덧셈과 뺄셈(2)		

구성과 특징

1

연산활동

연산은 생활에서 자주 접하게 되므로 지면 연습과 더불어 구체물을 이용하여 활동하면 연산을 이해하는 데 도움이 됩니다. 가정에서 엄마가 아이와 대화하면서 재미있고 자연스럽게 연산활동을 합니다.

TIP 활동하는 방법 또는 활동에 도움이 되는 내용을 담았습니다.

2

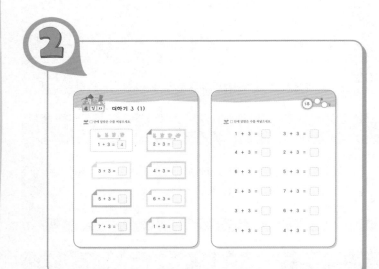

원리 & 연습

구체물 또는 그림을 통해 연산의 원리를 쉽게 이해하고, 원리의 이해를 바탕으로 연산이 익숙해지도록 연습합니다.

소마의 마술같은 원리셈

③

사고력 연산

반복적인 연산에서 나아가 배운 원리를 활용하여 확장된 문제를 해결합니다. 어려운 문제를 싣기보다 다양한 생각을 할 수 있는 내용으로 구성하였습니다.

④

Drill (보충학습)

주차별 주제에 대한 연습이 더 필요한 경우 보충학습을 활용합니다.

그림 모으기

개수를 세어 모아 목표한 수를 만들어 보세요.

준비물 : 수 그림 카드(95쪽)

1. 95쪽의 카드를 오려 준비합니다.

2. 그림이 있는 쪽이 보이도록 카드를 펼쳐 놓습니다.

3. 엄마가 2부터 9까지의 수 중에 하나를 말합니다.

4. 아이는 카드 두 장의 그림을 모아 엄마가 말한 수가 되도록 카드 두 장을 고릅니다.

5. 수가 있는 쪽이 보이도록 카드를 펼쳐 놓고도 활동할 수 있습니다.

두 수를 모아 목표한 수를 만들고, 목표한 수를 두 수로 가르는 활동입니다. 처음에는 개수를 세어 목표한 수를 만들고, 익숙해지면 수를 모아 목표한 수를 만드는 연습을 해 보세요.

소마셈 P5 - 1주차

8과 9 가르기

▶ 1일차 : 개수 세어 8 가르기   08

▶ 2일차 : 8 가르기   12

▶ 3일차 : 개수 세어 9 가르기   14

▶ 4일차 : 9 가르기   18

▶ 5일차 : 문장제   20

개수 세어 8 가르기

🌱 여러 가지 방법으로 구슬 8개를 두 묶음으로 묶어 보세요.

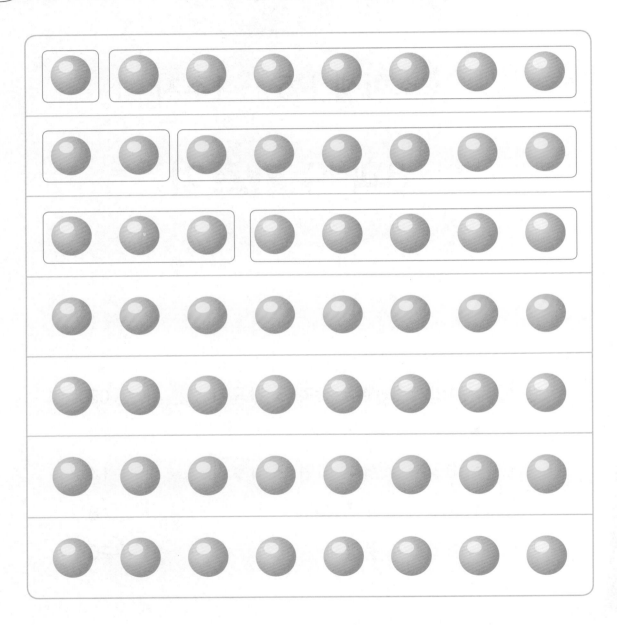

구슬을 갈라 빈 곳에 알맞은 개수만큼 ○를 그려 보세요.

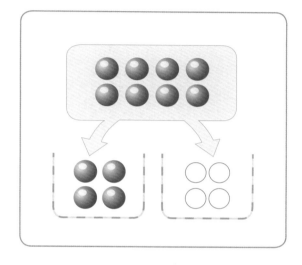

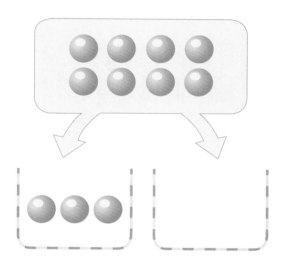

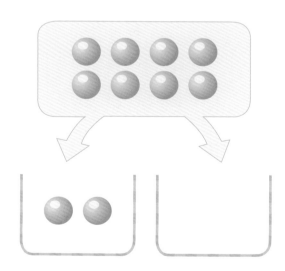

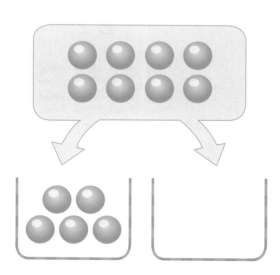

🌱 그림을 보고 빈 곳에 ◯를 그리고, ◯ 안에 알맞은 수를 써넣으세요.

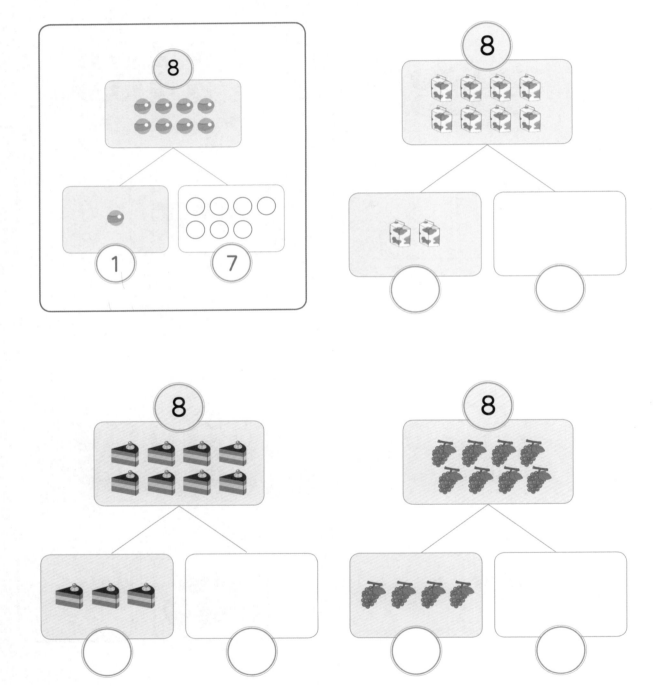

🌱 그림을 보고 빈 곳에 ◯를 그리고, ◯ 안에 알맞은 수를 써넣으세요.

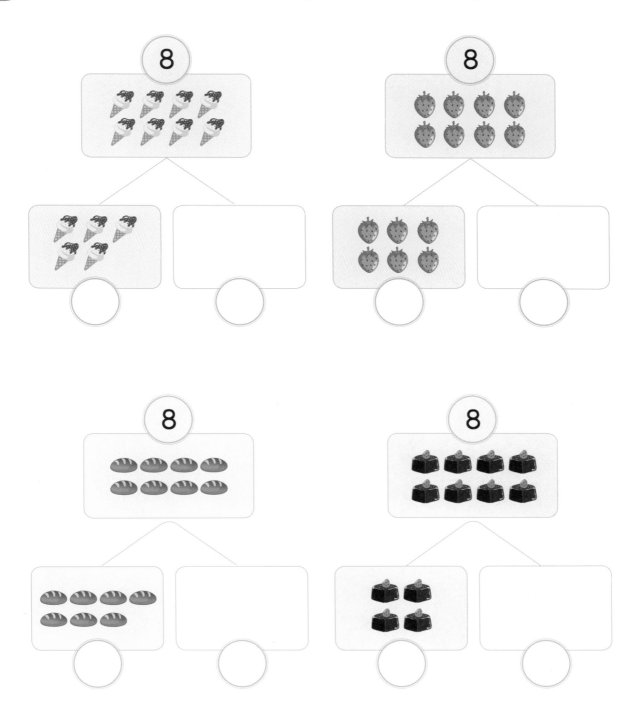

8 가르기

🌱 8을 두 수로 갈랐습니다. □ 안에 알맞은 수를 써넣으세요.

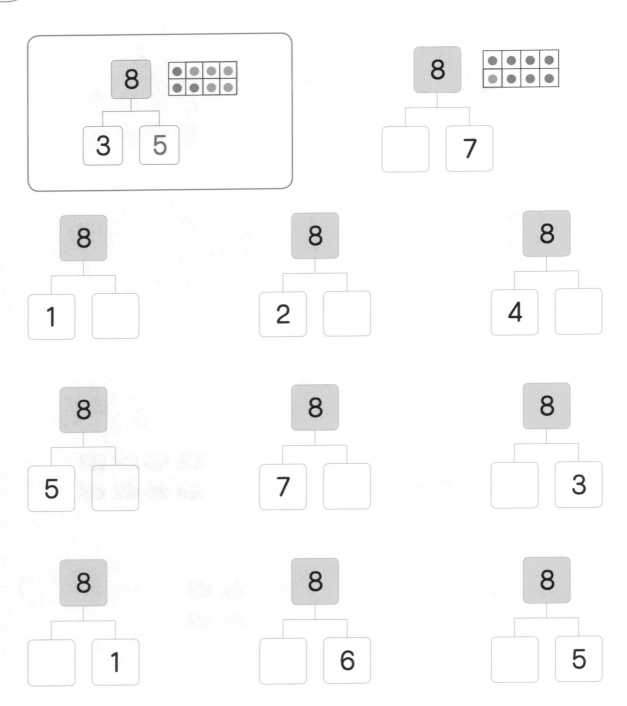

월
일

🌱 8을 두 수로 갈랐습니다. □ 안에 알맞은 수를 써넣으세요.

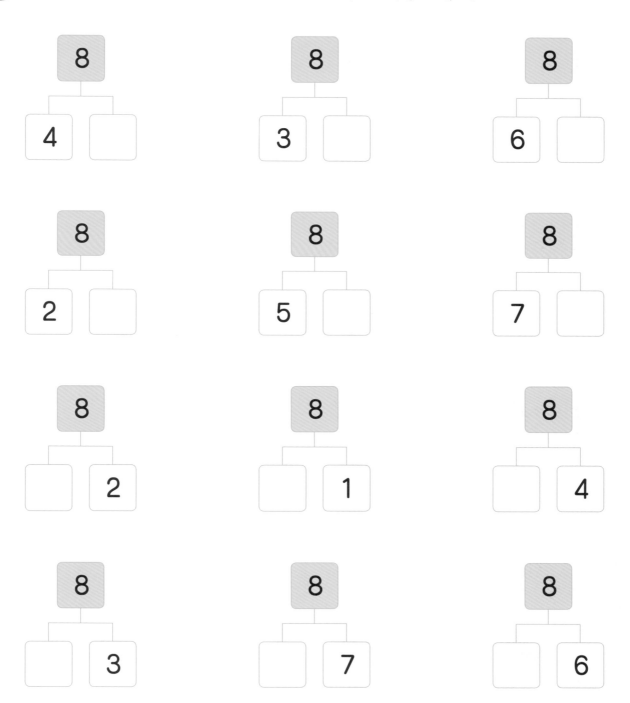

8		8		8
4		3		6

8		8		8
2		5		7

8		8		8
	2		1		4

8		8		8
	3		7		6

개수 세어 9 가르기

🌱 여러 가지 방법으로 구슬 9개를 두 묶음으로 묶어 보세요.

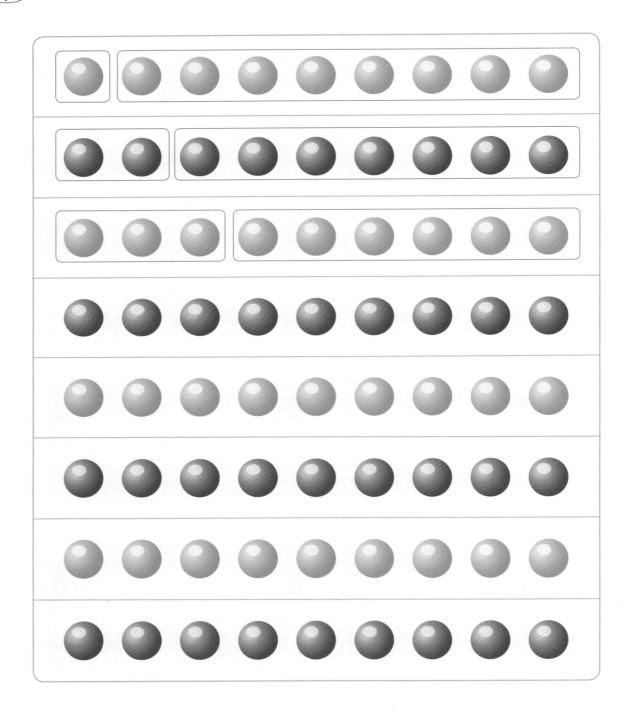

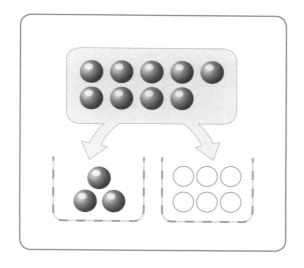 구슬을 갈라 빈 곳에 알맞은 개수만큼 ○를 그려 보세요.

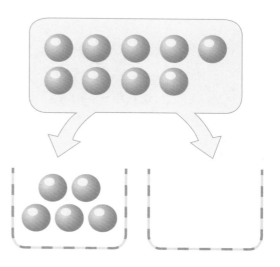

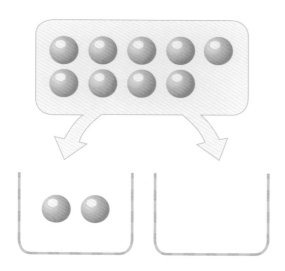

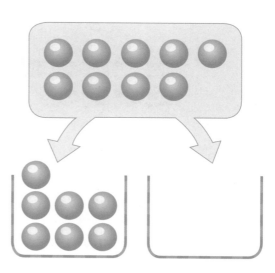

그림을 보고 빈 곳에 ◯를 그리고, ◯ 안에 알맞은 수를 써넣으세요.

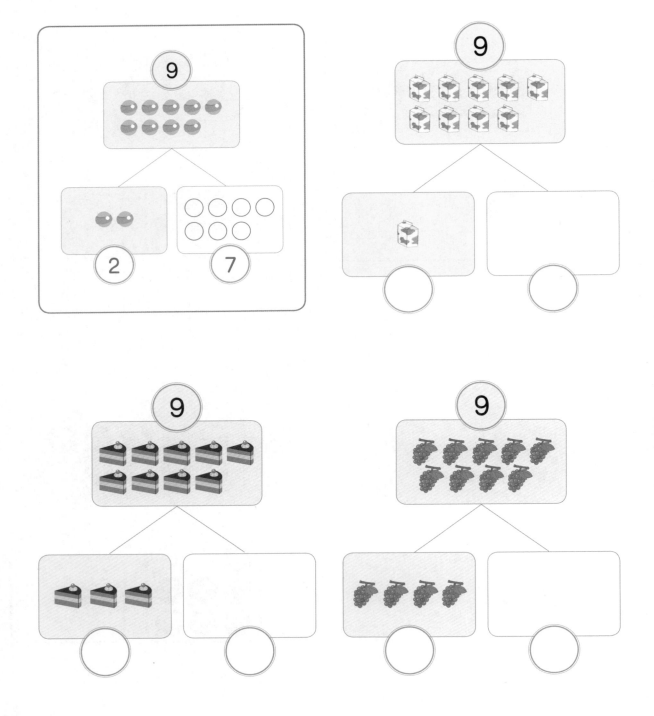

그림을 보고 빈 곳에 ◯를 그리고, ◯ 안에 알맞은 수를 써넣으세요.

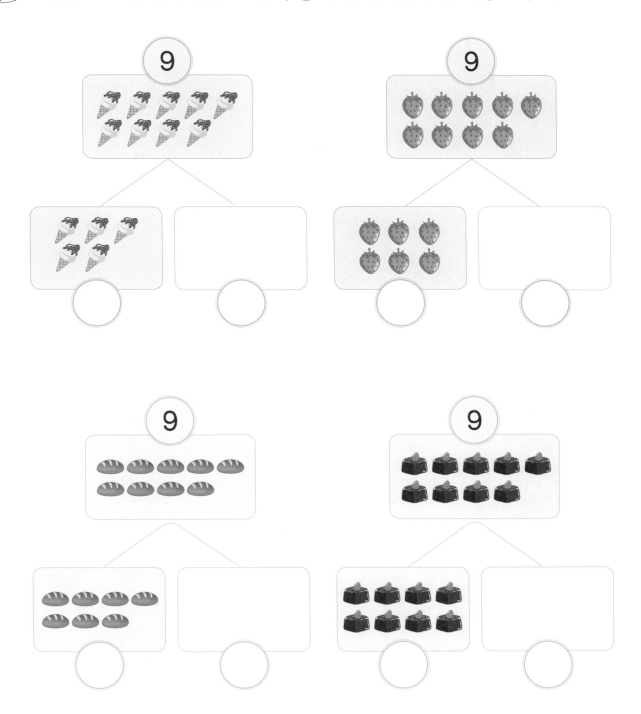

9 가르기

9를 두 수로 갈랐습니다. □ 안에 알맞은 수를 써넣으세요.

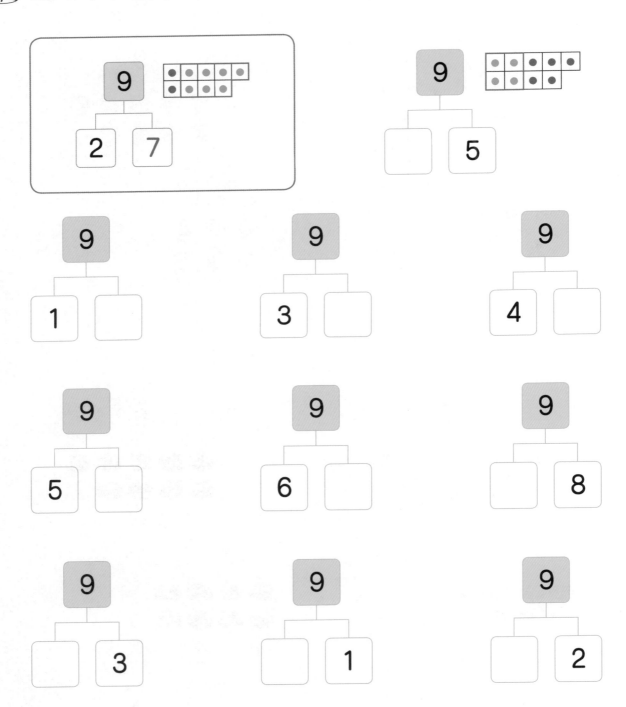

9를 두 수로 갈랐습니다. ☐ 안에 알맞은 수를 써넣으세요.

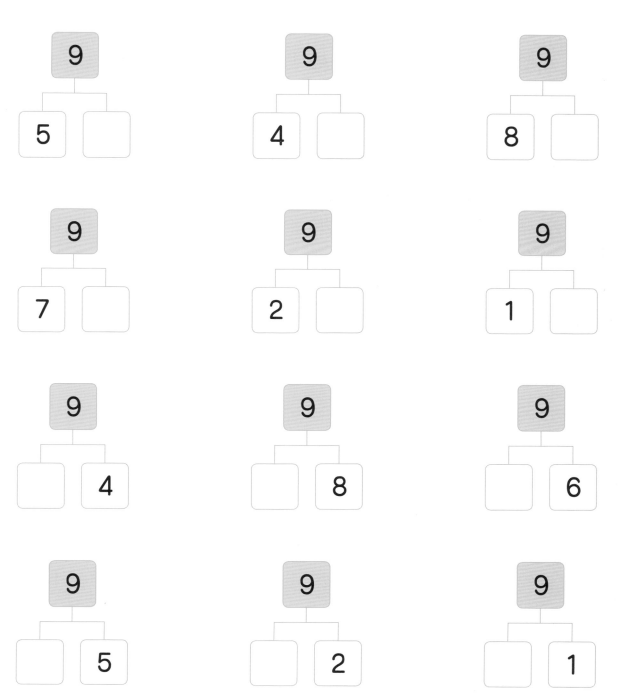

문장제

 이야기를 읽고, 아주머니가 아이들에게 준 떡은 몇 개인지 구해 보세요.

아주머니가 시장에서 아이들에게 줄 떡 8개를 샀습니다. 산길을 따라 집으로 가고 있는데 갑자기 호랑이가 나타나,
"어흥, 떡 5개 주면 안 잡아 먹지."
호랑이를 보고 깜짝 놀란 아주머니는 떡 5개를 주었습니다. 호랑이가 멀리 떠나자 아주머니는 집으로 와서 아이들에게 남은 떡을 주었습니다. 아주머니가 아이들에게 준 떡은 몇 개일까요?

개

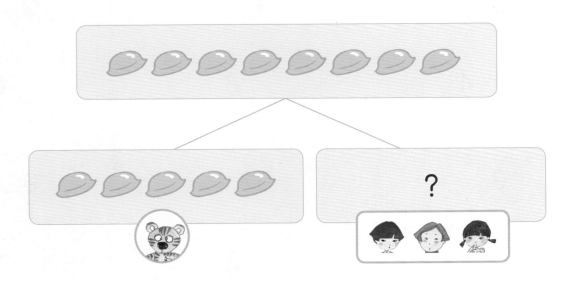

🌱 다음을 읽고, 물음에 답하세요.

달걀 9개가 있습니다. 어머니가 저녁을 하는 데 달걀 3개를 썼습니다.
남은 달걀은 몇 개일까요?

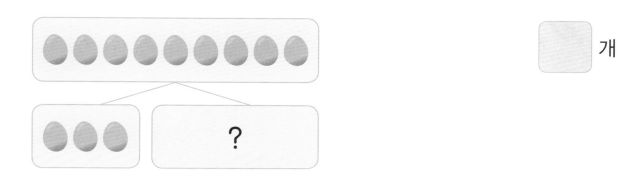

개

초콜릿 8개를 민지와 수영이가 나누어 먹습니다. 민지가 4개를 먹었다면
수영이는 몇 개를 먹었을까요?

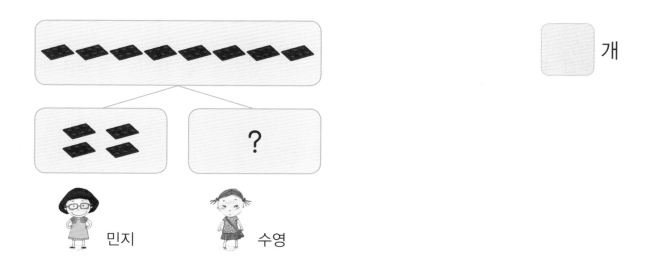

개

민지   수영

 다음을 읽고, 물음에 답하세요.

사탕 8개를 두 접시에 나누어 담습니다. 한 접시에 3개를 담으면 다른 접시에는 몇 개를 담아야 할까요?

 개

9명의 어린이가 여행을 갑니다. 6명은 바다로 가고, 나머지는 산으로 갑니다. 산으로 가는 어린이는 몇 명일까요?

 명

형과 동생이 구슬 9개를 나누어 가집니다. 형이 5개를 가지면 동생은 몇 개를 가질까요?

 개

 다음을 읽고, 물음에 답하세요.

축구공 8개를 두 상자에 나누어 담습니다. 한 상자에 7개를 담았다면 다른 상자에는 몇 개를 담았을까요?

 개

연필 8자루를 현수와 지수가 나누어 가집니다. 현수가 3자루를 가지면 지수는 몇 자루를 가지게 될까요?

 자루

어린이 9명이 있습니다. 그중 어린이 2명은 풍선을 들고 있습니다. 풍선을 들고 있지 않은 어린이는 몇 명일까요?

 명

다음을 읽고, 물음에 답하세요.

흰색 토끼와 갈색 토끼가 당근 8개를 나누어 먹습니다. 흰색 토끼가 당근 2개를 먹었습니다. 갈색 토끼는 당근 몇 개를 먹었을까요?

 개

그림 카드 9장을 놓았습니다. 그중 7장을 뒤집었습니다. 뒤집지 않은 카드는 몇 장일까요?

 장

도토리 7개와 다람쥐 8마리가 있습니다. 다람쥐가 도토리를 1개씩 가졌습니다. 도토리를 가지지 못한 다람쥐는 몇 마리일까요?

 마리

소마셈 P5 - 2주차

8과 9 모으기

▶ 1일차 : 개수 세어 8 모으기   26

▶ 2일차 : 8 모으기   30

▶ 3일차 : 개수 세어 9 모으기   32

▶ 4일차 : 9 모으기   36

▶ 5일차 : 문장제   38

개수 세어 8 모으기

🌱 두 주머니의 구슬을 모아 8개가 되도록 빈 주머니에 ○를 그려 보세요.

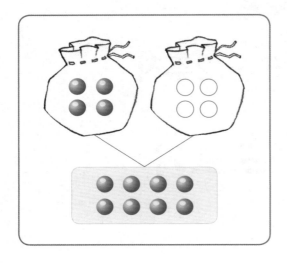

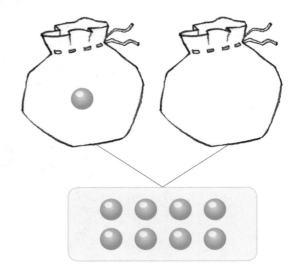

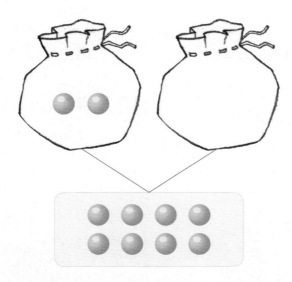

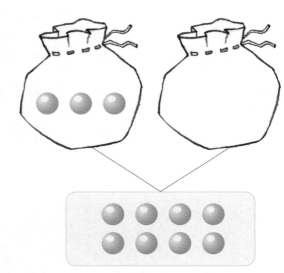

월
일

두 주머니의 구슬을 모아 8개가 되도록 빈 주머니에 ○를 그려 보세요.

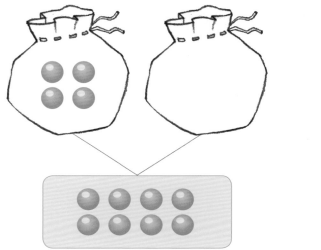

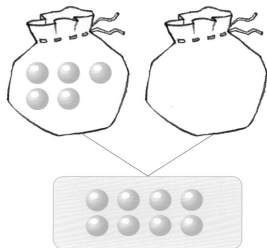

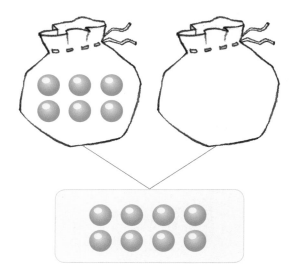

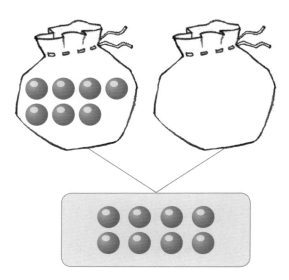

그림을 보고 빈 곳에 ◯를 그리고, ◯ 안에 알맞은 수를 써넣으세요.

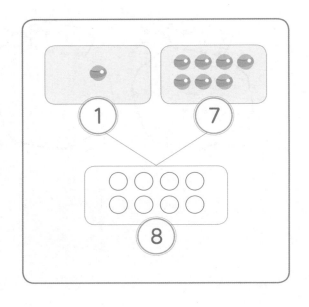

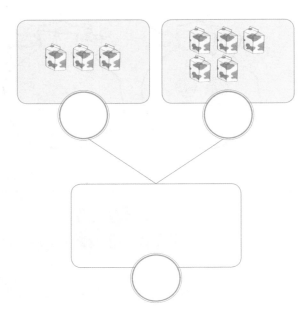

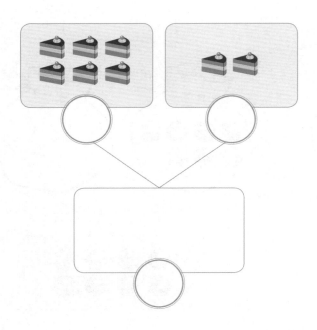

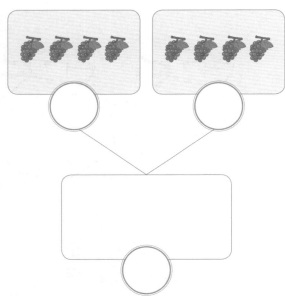

그림을 보고 빈 곳에 ◯를 그리고, ◯ 안에 알맞은 수를 써넣으세요.

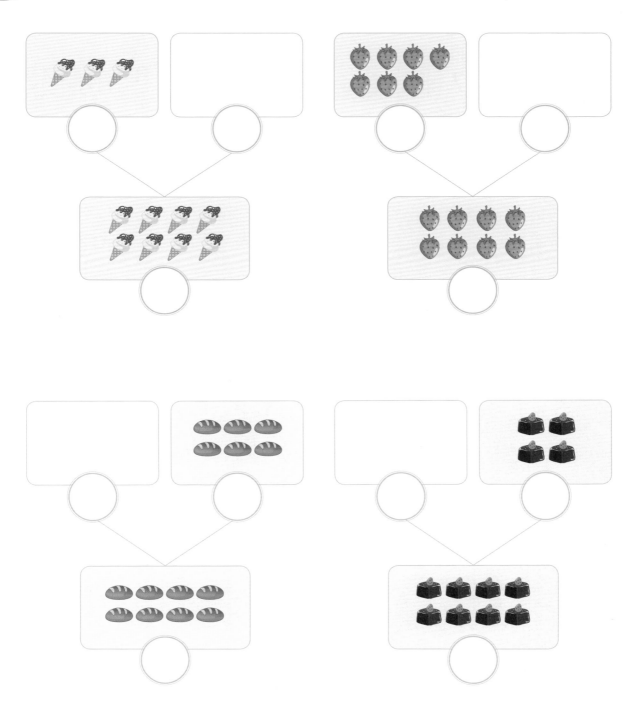

8 모으기

🌱 두 수를 모았습니다. □ 안에 알맞은 수를 써넣으세요.

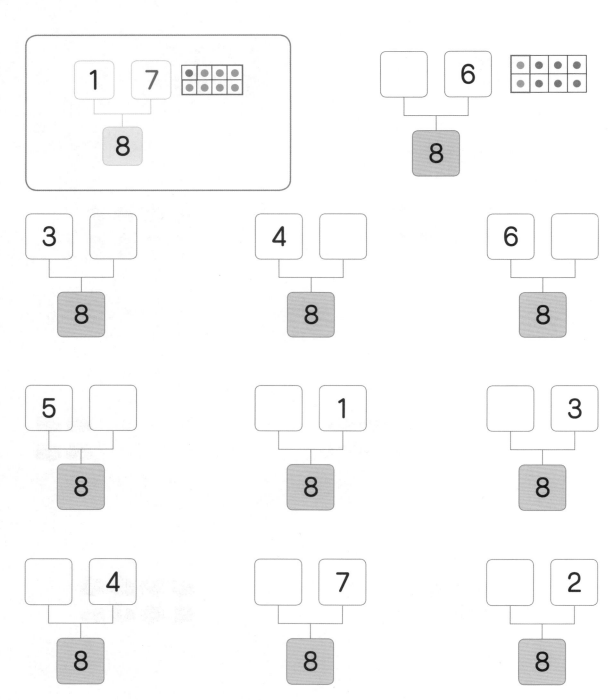

🌱 두 수를 모았습니다. □ 안에 알맞은 수를 써넣으세요.

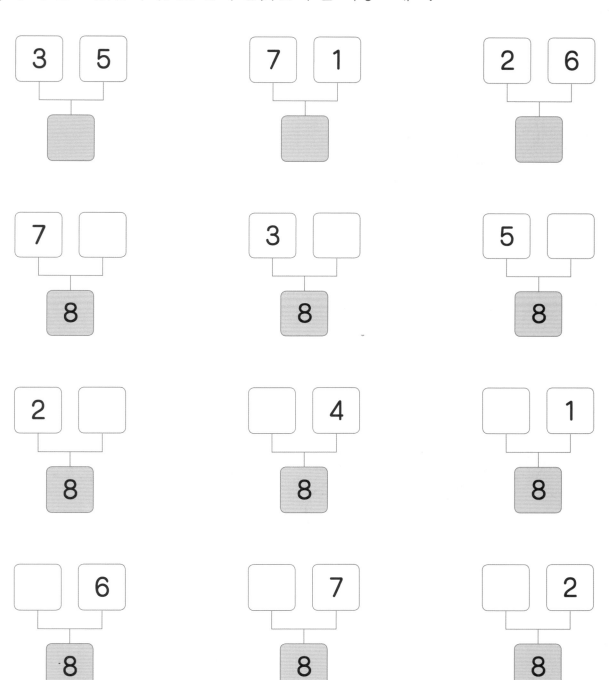

| 3 | 5 | | 7 | 1 | | 2 | 6 |

| 7 | | → 8 | | 3 | | → 8 | | 5 | | → 8 |

| 2 | | → 8 | | | 4 | → 8 | | | 1 | → 8 |

| | 6 | → 8 | | | 7 | → 8 | | | 2 | → 8 |

개수 세어 9 모으기

🌱 두 주머니의 구슬을 모아 9개가 되도록 빈 주머니에 ◯를 그려 보세요.

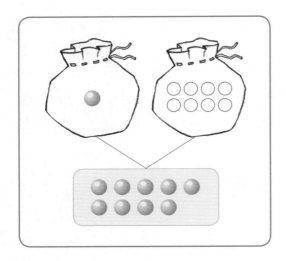

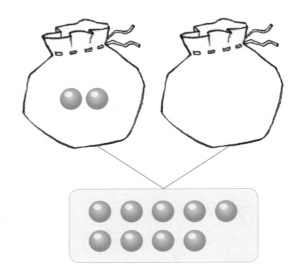

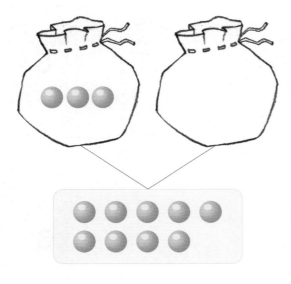

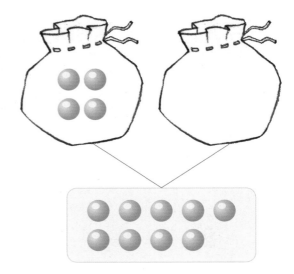

🌱 두 주머니의 구슬을 모아 9개가 되도록 빈 주머니에 ◯를 그려 보세요.

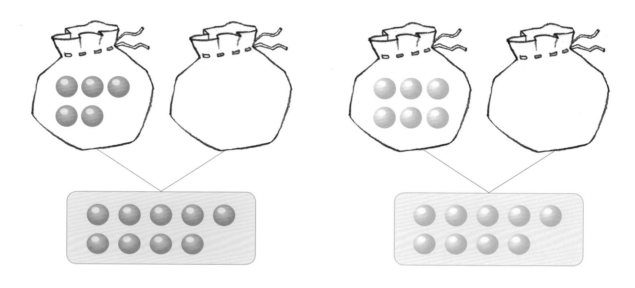

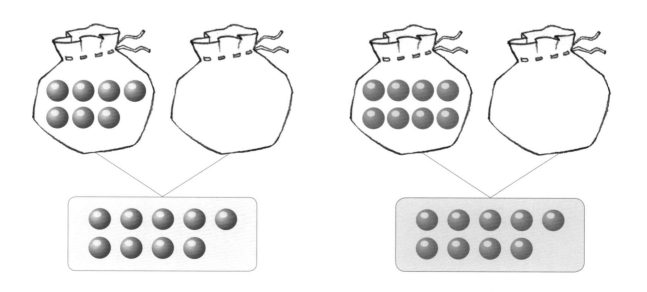

그림을 보고 빈 곳에 ◯를 그리고, ◯ 안에 알맞은 수를 써넣으세요.

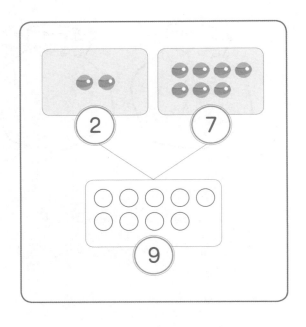

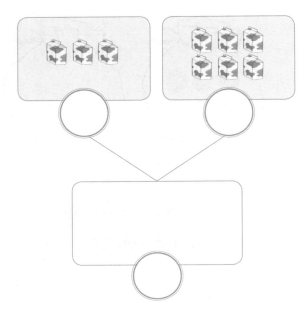

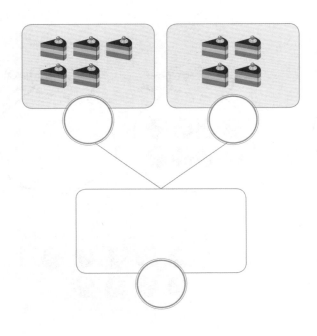

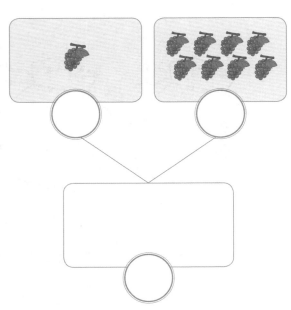

그림을 보고 빈 곳에 ◯를 그리고, ◯ 안에 알맞은 수를 써넣으세요.

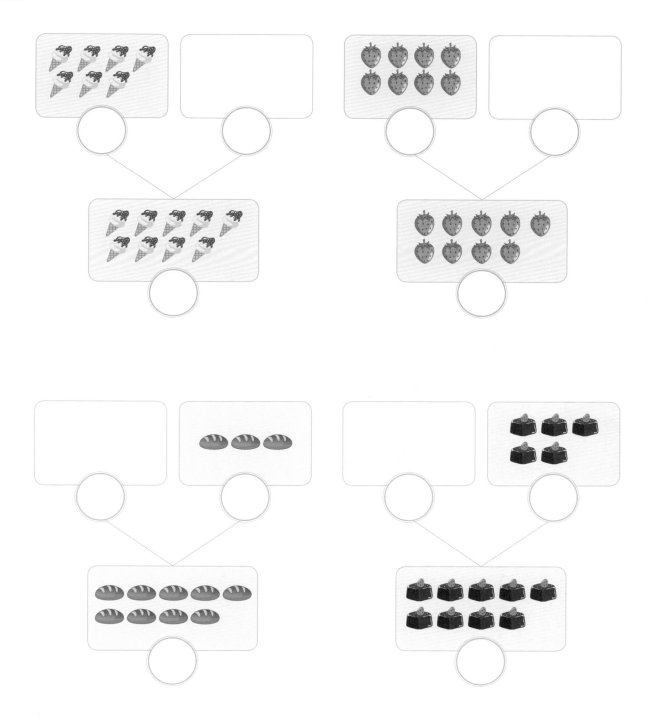

9 모으기

🌱 두 수를 모았습니다. □ 안에 알맞은 수를 써넣으세요.

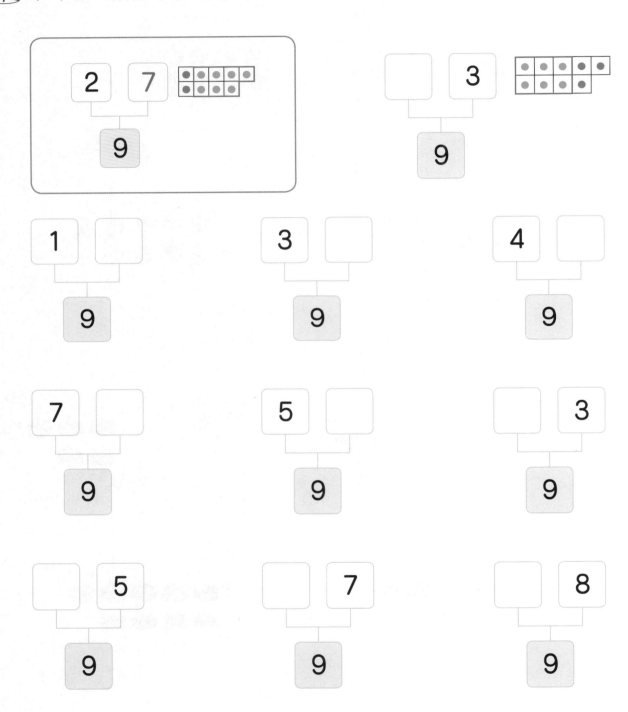

두 수를 모았습니다. □ 안에 알맞은 수를 써넣으세요.

5일차 문장제

 이야기를 읽고, 토끼가 받은 당근은 몇 개인지 구해 보세요.

동물 나라에 추운 겨울이 찾아왔습니다. 동물들은 저마다 겨울 동안 먹을 음식을 준비하느라 바빴습니다. 그런데 토끼가 감기에 걸려 음식을 준비할 수 없게 되었습니다.

이 말을 듣고 여우가 찾아왔습니다.

"토끼야, 당근 2개를 줄게." 여우는 당근 2개를 주었습니다.

여우가 간 뒤에 곰도 찾아왔습니다. "토끼야, 빨리 나아. 난 당근 7개를 줄게." 곰은 당근 7개를 주었습니다.

토끼가 받은 당근은 모두 몇 개일까요?

　　　개

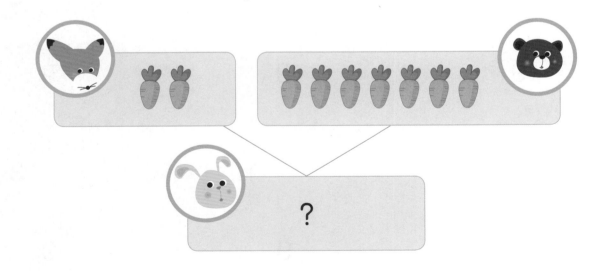

다음을 읽고, 물음에 답하세요.

동물원에 사자 3마리와 기린 5마리가 있습니다. 동물원에 있는 사자와 기린은 모두 몇 마리일까요?

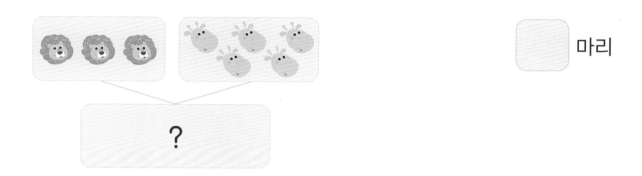

마리

우진이는 형에게서 연필 7자루, 동생에게서 연필 2자루를 받았습니다. 우진이가 받은 연필은 모두 몇 자루일까요?

자루

 다음을 읽고, 물음에 답하세요.

바구니에 테니스공 3개와 탁구공 5개가 있습니다. 바구니에 들어 있는 공은 모두 몇 개일까요?

⬚ 개

노란색 색종이 8장, 파란색 색종이 1장이 있습니다. 색종이는 모두 몇 장일까요?

⬚ 장

흰 바둑돌 2개, 검은 바둑돌 6개가 있습니다. 바둑돌은 모두 몇 개일까요?

⬚ 개

 다음을 읽고, 물음에 답하세요.

마당에 강아지 6마리와 고양이 2마리가 있습니다. 마당에 있는 강아지와 고양이는 모두 몇 마리일까요?

 마리

흰색 토끼 1마리와 회색 토끼 7마리가 있습니다. 토끼는 모두 몇 마리일까요?

 마리

아진이는 동화책 8권과 만화책 1권을 가지고 있습니다. 아진이가 가진 책은 모두 몇 권일까요?

 권

다음을 읽고, 물음에 답하세요.

필통에 파란색 색연필 5자루, 초록색 색연필 4자루가 있습니다. 필통에 있는 색연필은 모두 몇 자루일까요?

 자루

놀이터에 남자 어린이 4명과 여자 어린이 4명이 있습니다. 놀이터에 있는 어린이는 모두 몇 명일까요?

 명

과일 가게에서 사과 3개와 귤 6개를 팔았습니다. 과일 가게에서 판 사과와 귤은 모두 몇 개일까요?

 개

소마셈 P5 – 3주차

9까지의
가르기와 모으기

▶ 1일차 : 9까지의 가르기 (1)   44

▶ 2일차 : 9까지의 가르기 (2)   46

▶ 3일차 : 9까지의 모으기 (1)   48

▶ 4일차 : 9까지의 모으기 (2)   50

▶ 5일차 : 두 번 가르고 모으기   52

9까지의 가르기 (1)

수를 갈랐습니다. □ 안에 알맞은 수를 써넣으세요.

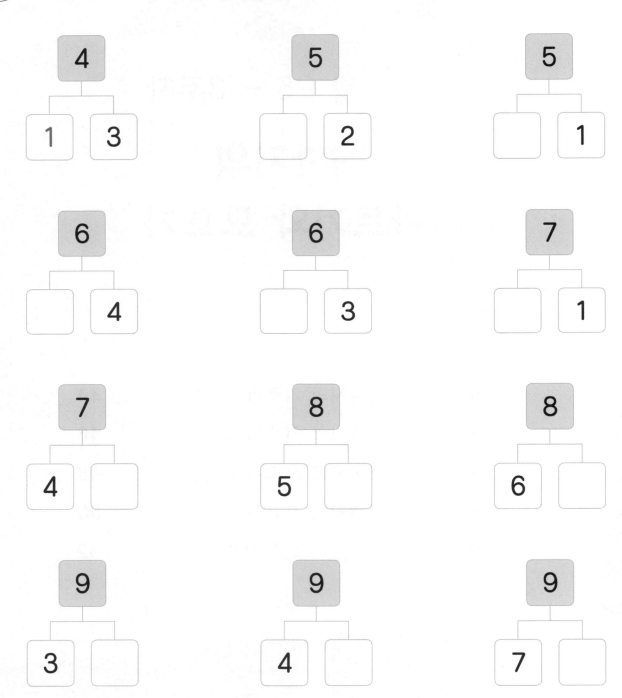

4		
1	3	

5		
	2	

5		
	1	

6		
	4	

6		
	3	

7		
	1	

7		
4		

8		
5		

8		
6		

9		
3		

9		
4		

9		
7		

수를 갈랐습니다. 빈칸에 알맞은 수를 써넣으세요.

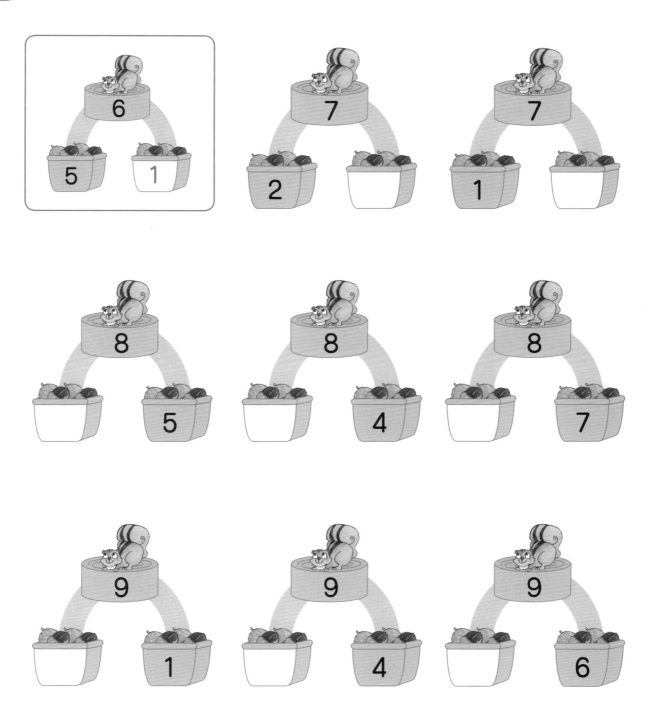

9까지의 가르기 (2)

 여러 가지 방법으로 8을 두 수로 갈라 보세요.

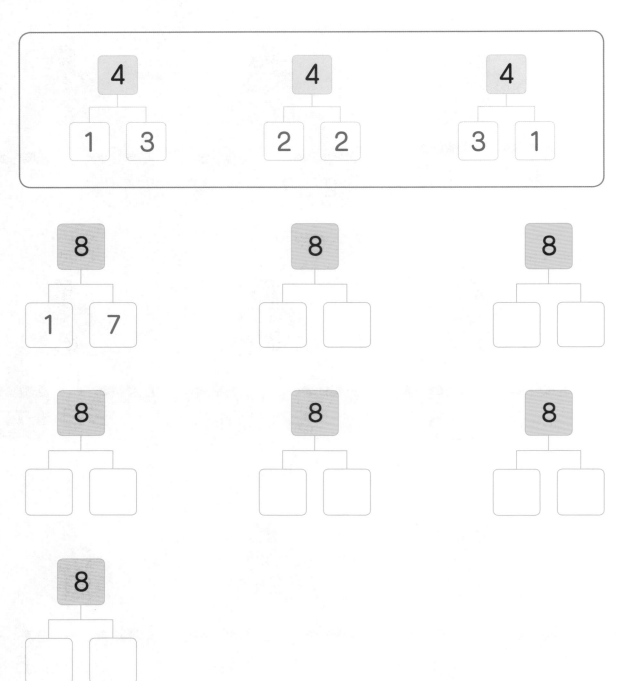

```
    4           4           4
   / \         / \         / \
  1   3       2   2       3   1


    8           8           8
   / \         / \         / \
  1   7      [ ] [ ]     [ ] [ ]


    8           8           8
   / \         / \         / \
 [ ] [ ]     [ ] [ ]     [ ] [ ]


    8
   / \
 [ ] [ ]
```

여러 가지 방법으로 9를 두 수로 갈라 보세요.

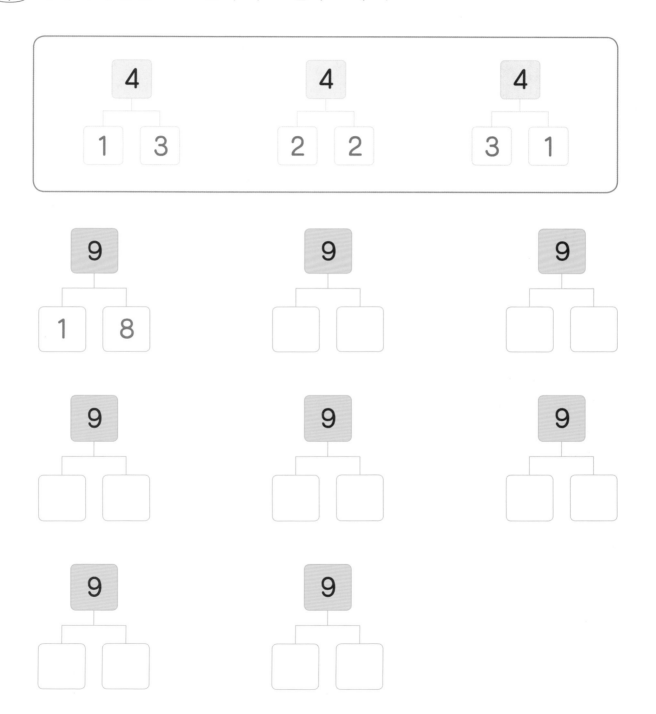

9까지의 모으기 (1)

🌱 두 수를 모았습니다. □ 안에 알맞은 수를 써넣으세요.

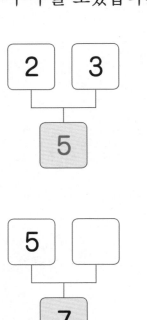

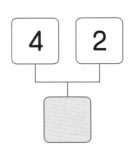

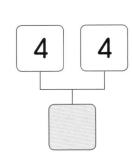

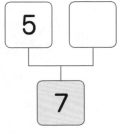

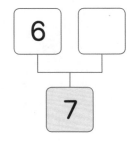

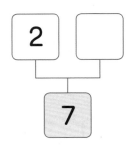

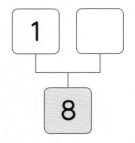

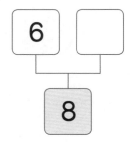

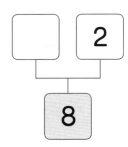

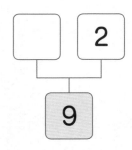

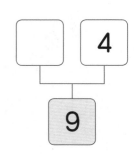

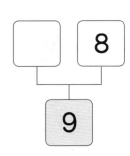

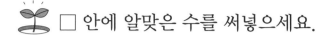 □ 안에 알맞은 수를 써넣으세요.

9까지의 모으기 (2)

🌱 모아서 🪣 안의 수가 되는 두 수를 선으로 이어 보세요.

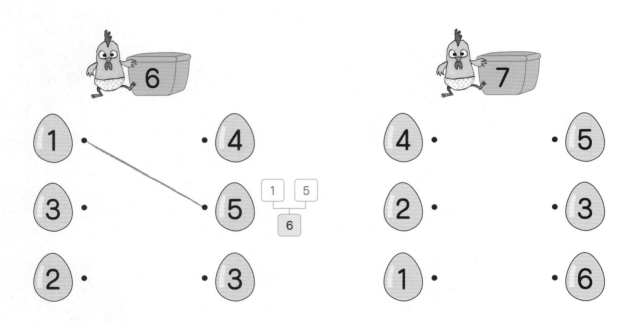

모아서 🔲 안의 수가 되는 두 수를 찾아 선으로 이어 보세요.

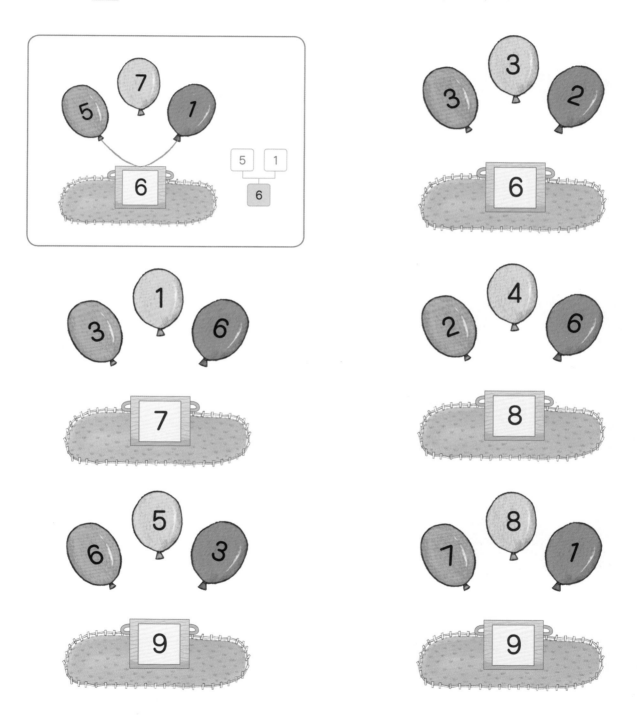

5 일 차 두 번 가르고 모으기

🌱 수를 두 번 갈랐습니다. 빈칸에 알맞은 수를 써넣으세요.

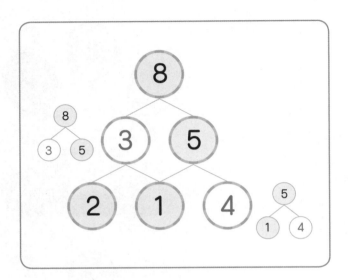

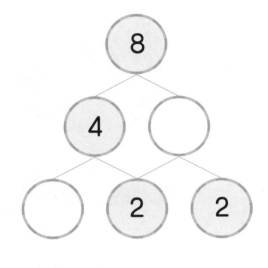

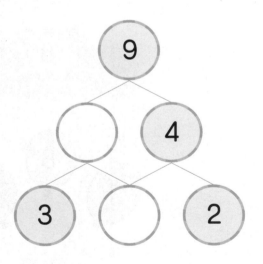

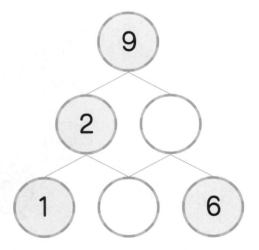

🌱 수를 두 번 모았습니다. 빈칸에 알맞은 수를 써넣으세요.

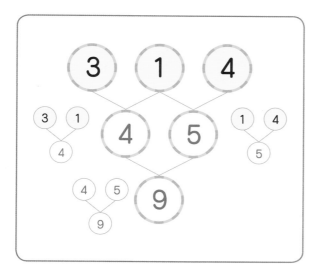

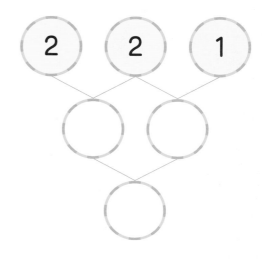

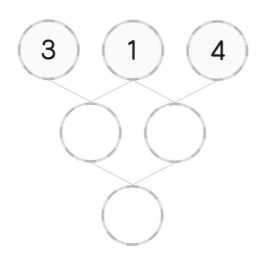

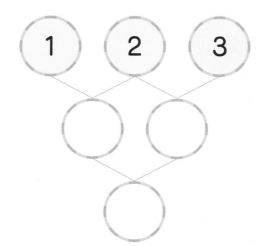

수를 가르고 모았습니다. □ 안에 알맞은 수를 써넣으세요.

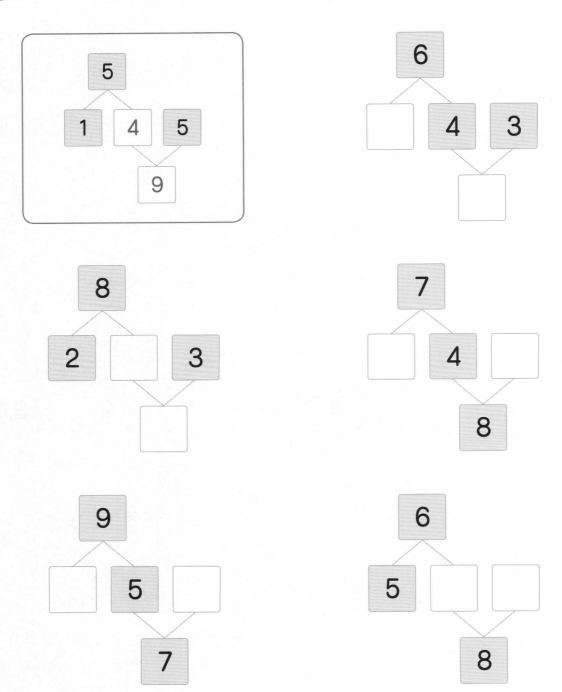

소마셈 P5 - 4주차

반과 두 배

▶ 1일차 : 똑같게 나누기   56

▶ 2일차 : 똑같게 가르기   58

▶ 3일차 : 반   60

▶ 4일차 : 같은 수 모으기   62

▶ 5일차 : 두 배   64

 똑같게 나눈 것을 찾아 ○표 하세요.

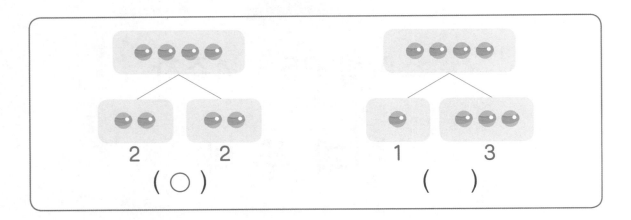

2   2   1   3
(○)   (   )

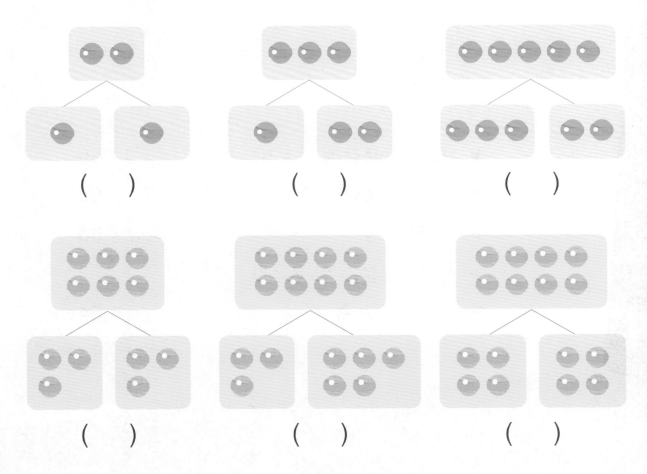

( )   ( )   ( )

( )   ( )   ( )

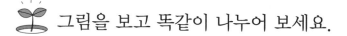 그림을 보고 똑같이 나누어 보세요.

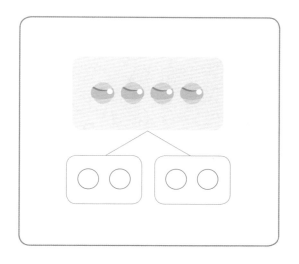

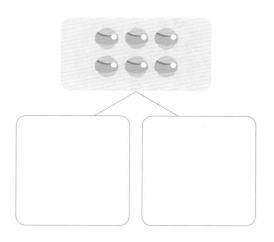

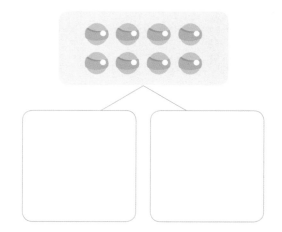

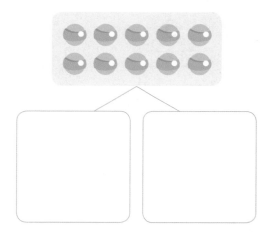

똑같게 가르기

🌱 수를 갈랐습니다. □ 안에 알맞은 수를 써넣으세요.

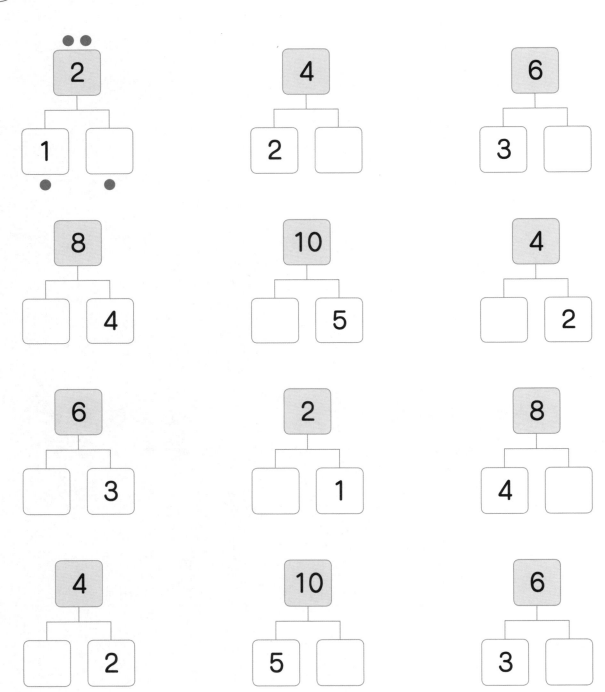

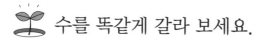

수를 똑같게 갈라 보세요.

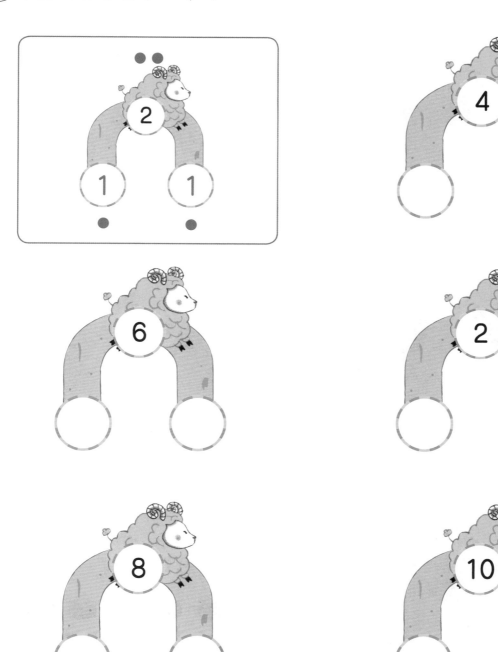

3 일 차 반

 그림을 보고 반만큼 묶어 보세요.

둘로 똑같이 나누었을 때, 그 중 하나를 반이라고 합니다.

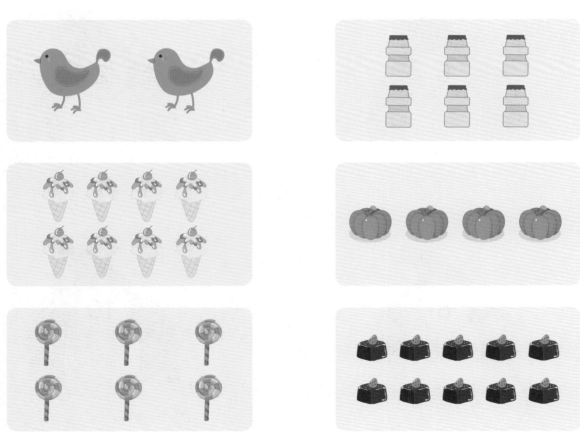

🌱 빈칸에 수의 반을 써 보세요.

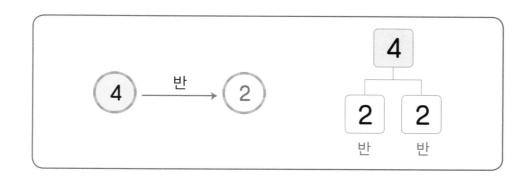

2 → 반 → ◯

6 → 반 → ◯

10 → 반 → ◯

4 → 반 → ◯

6 → 반 → ◯

8 → 반 → ◯

4 → 반 → ◯

10 → 반 → ◯

8 → 반 → ◯

2 → 반 → ◯

같은 수 모으기

🌱 두 수를 모았습니다. □ 안에 알맞은 수를 써넣으세요.

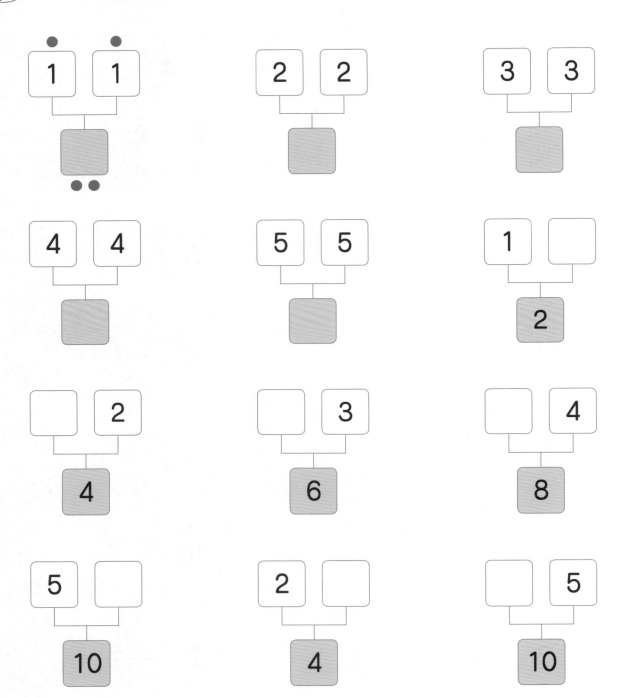

같은 수를 모아 아래의 수를 만들어 보세요.

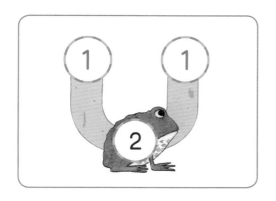

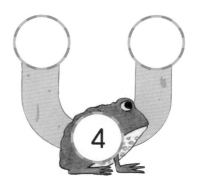

두 배

 그림을 보고 두 배만큼 ○를 그려 보세요.

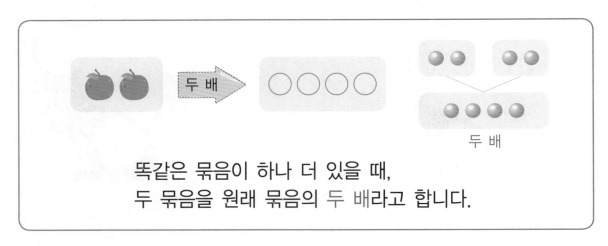

똑같은 묶음이 하나 더 있을 때,
두 묶음을 원래 묶음의 두 배라고 합니다.

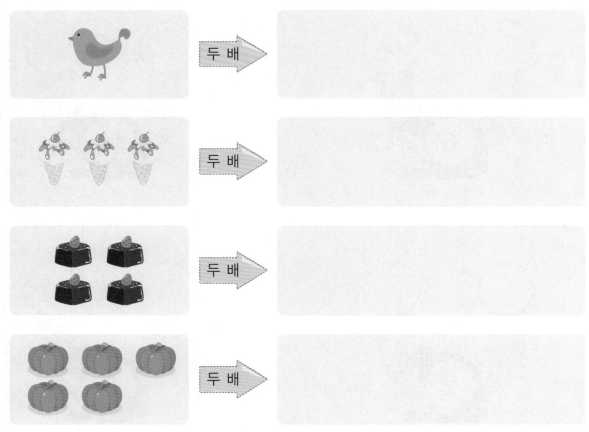

빈칸에 수의 두 배를 써 보세요.

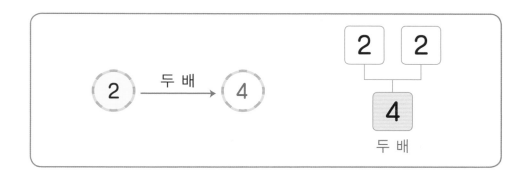

1 ──두 배──▶ ◯   3 ──두 배──▶ ◯

4 ──두 배──▶ ◯   2 ──두 배──▶ ◯

5 ──두 배──▶ ◯   3 ──두 배──▶ ◯

2 ──두 배──▶ ◯   1 ──두 배──▶ ◯

4 ──두 배──▶ ◯   5 ──두 배──▶ ◯

두 배가 되는 수를 찾아 선으로 이어 보세요.

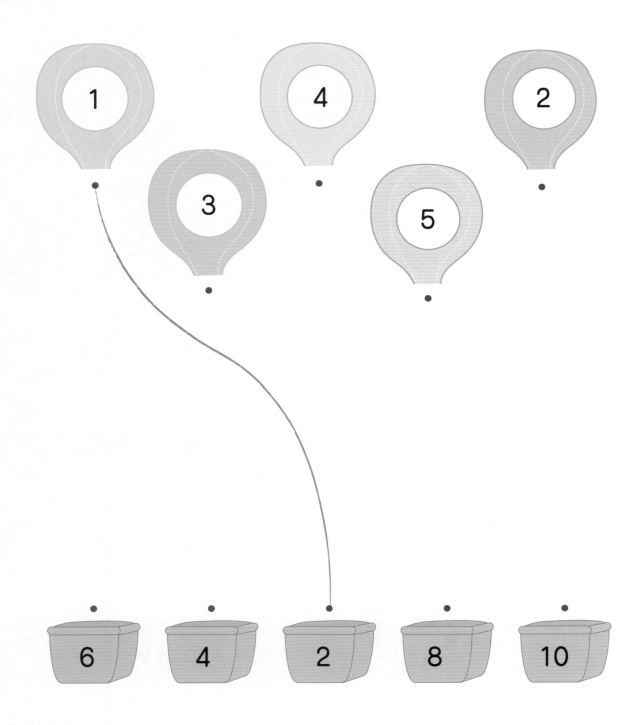

보충학습

Drill

8과 9 가르기

수를 갈랐습니다. □ 안에 알맞은 수를 써넣으세요.

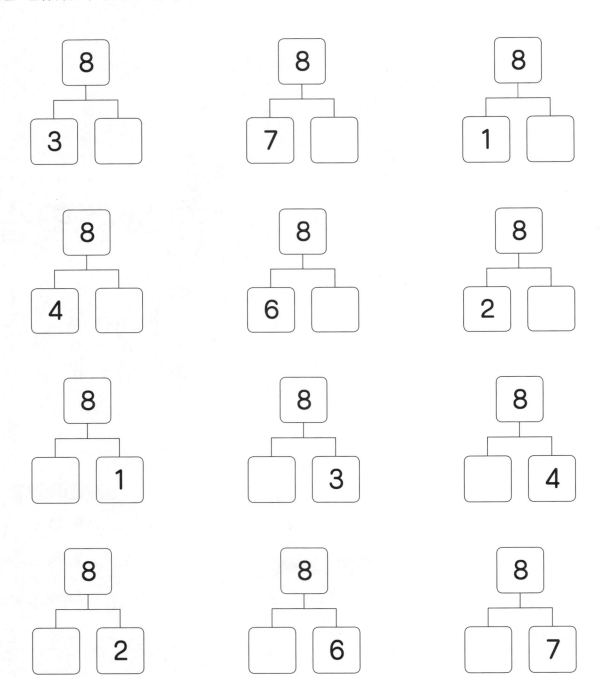

수를 갈랐습니다. □ 안에 알맞은 수를 써넣으세요.

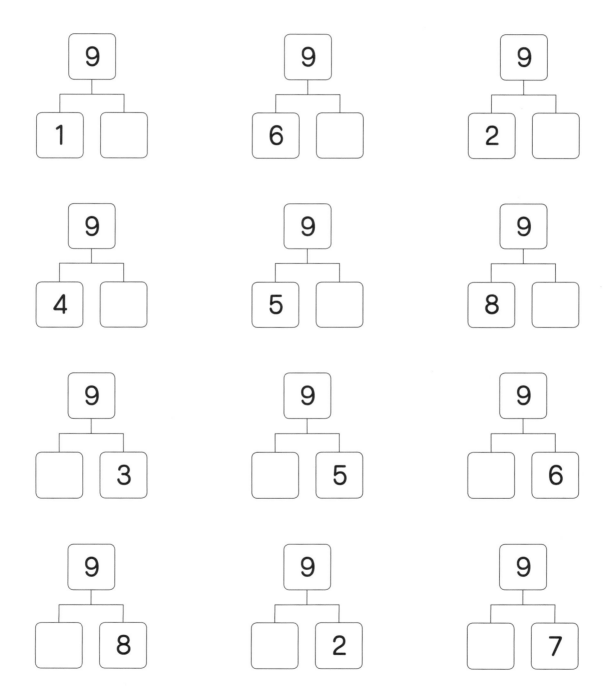

8과 9 모으기

두 수를 모았습니다. □ 안에 알맞은 수를 써넣으세요.

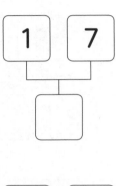

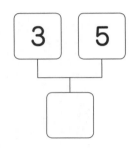

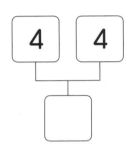

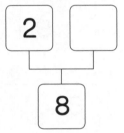

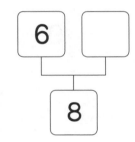

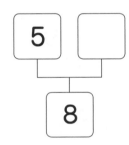

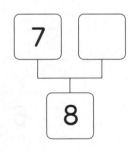

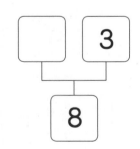

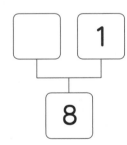

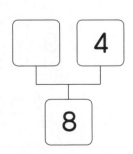

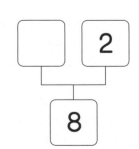

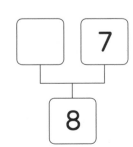

두 수를 모았습니다. □ 안에 알맞은 수를 써넣으세요.

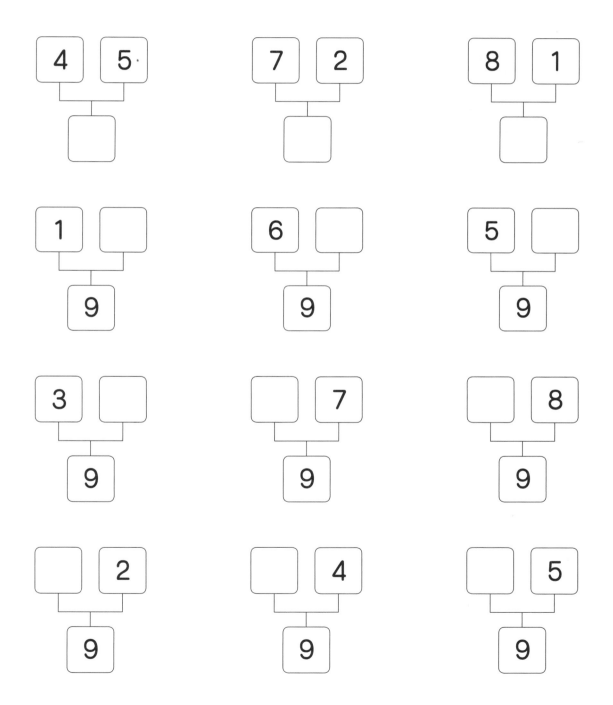

9까지의
가르기와 모으기

수를 두 번 갈랐습니다. ○ 안에 알맞은 수를 써넣으세요.

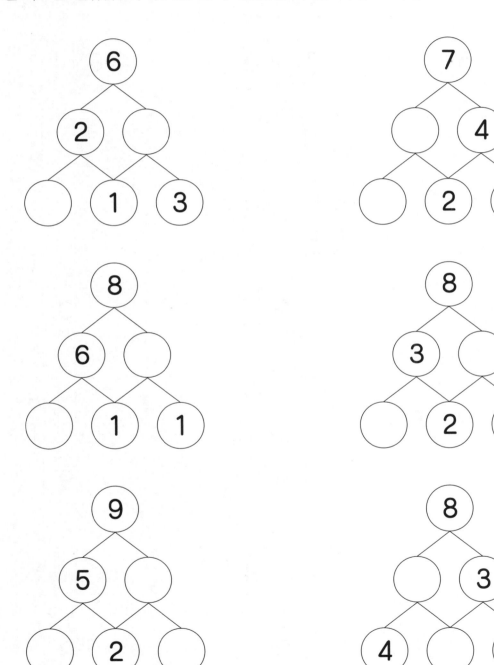

수를 두 번 모았습니다. ○ 안에 알맞은 수를 써넣으세요.

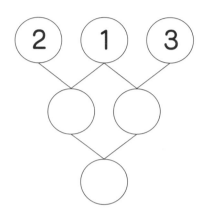

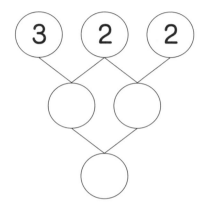

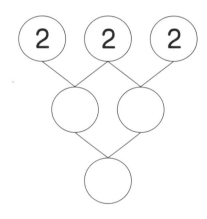

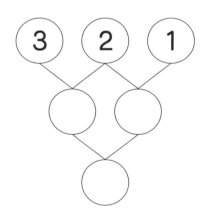

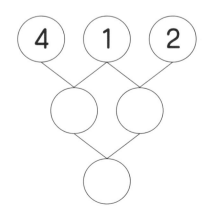

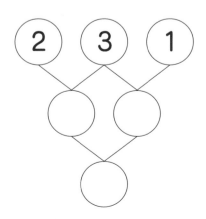

반과 두 배

수를 가르고 모았습니다. □ 안에 알맞은 수를 써넣으세요.

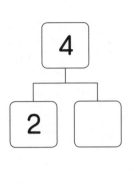
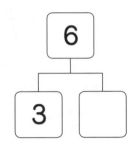
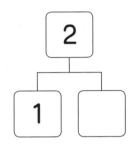

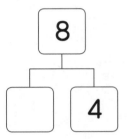
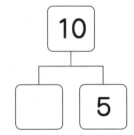
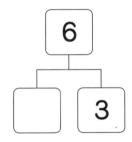

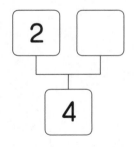
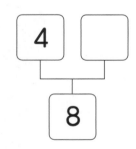
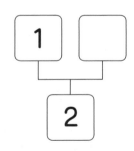

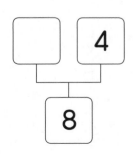
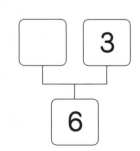
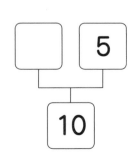

□ 안에 반 또는 두 배를 써넣으세요.

2	반 → □		4	반 → □

| 8 | 반 → □ | | 10 | 반 → □ |

| 6 | 반 → □ | | 2 | 반 → □ |

| 10 | 반 → □ | | 3 | 두 배 → □ |

| 1 | 두 배 → □ | | 5 | 두 배 → □ |

| 4 | 두 배 → □ | | 2 | 두 배 → □ |

| 5 | 두 배 → □ | | 3 | 두 배 → □ |

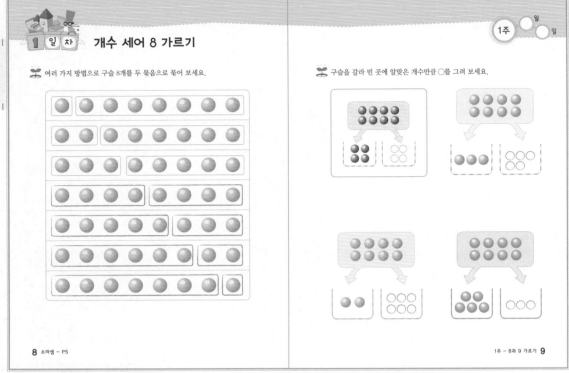

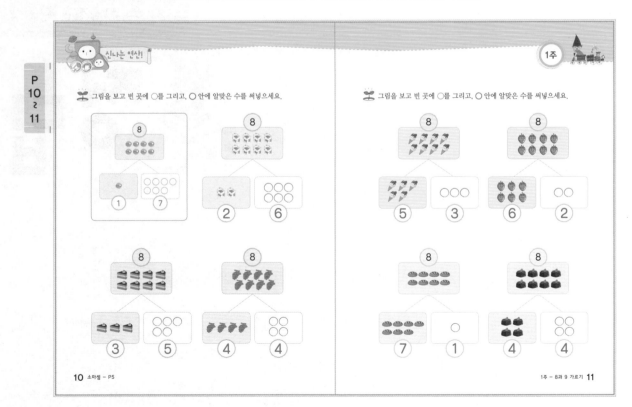

P8~9

개수 세어 8 가르기

1주

여러 가지 방법으로 구슬 8개를 두 묶음으로 묶어 보세요.

구슬을 갈라 빈 곳에 알맞은 개수만큼 ○를 그려 보세요.

8 소마셈 – P5

1주 – 8과 9 가르기 **9**

P10~11

신나는 연산!

1주

그림을 보고 빈 곳에 ○를 그리고, ○ 안에 알맞은 수를 써넣으세요.

그림을 보고 빈 곳에 ○를 그리고, ○ 안에 알맞은 수를 써넣으세요.

10 소마셈 – P5

1주 – 8과 9 가르기 **11**

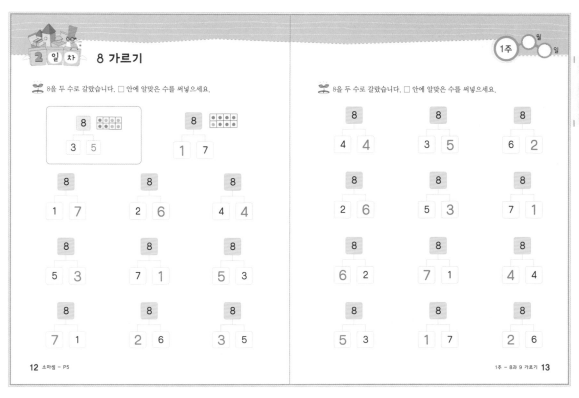

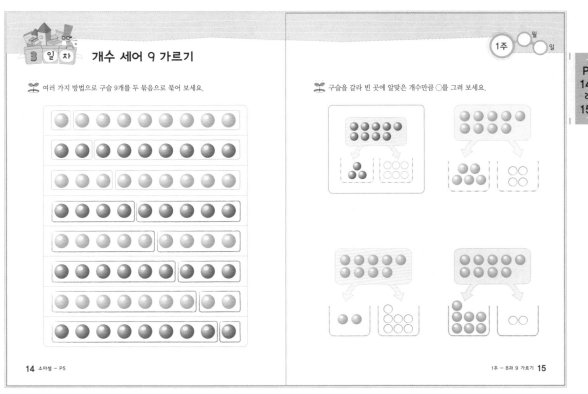

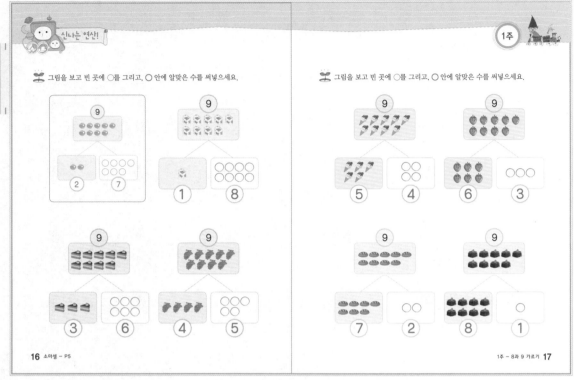

🌱 그림을 보고 빈 곳에 ○를 그리고, ○ 안에 알맞은 수를 써넣으세요.

🌱 그림을 보고 빈 곳에 ○를 그리고, ○ 안에 알맞은 수를 써넣으세요.

9 가르기

🌱 9를 두 수로 갈랐습니다. □ 안에 알맞은 수를 써넣으세요.

🌱 9를 두 수로 갈랐습니다. □ 안에 알맞은 수를 써넣으세요.

9 → 2 7

9 → 4 5

9 → 5 4

9 → 4 5

9 → 8 1

9 → 1 8

9 → 3 6

9 → 4 5

9 → 7 2

9 → 2 7

9 → 1 8

9 → 5 4

9 → 6 3

9 → 1 8

9 → 5 4

9 → 1 8

9 → 3 6

9 → 6 3

9 → 8 1

9 → 7 2

9 → 4 5

9 → 7 2

9 → 8 1

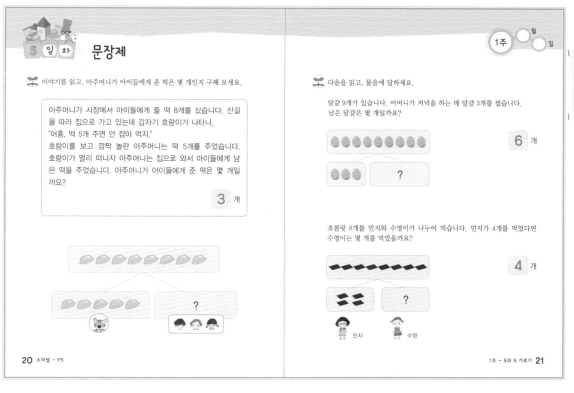

5 일 차 문장제

이야기를 읽고, 아주머니가 아이들에게 준 떡은 몇 개인지 구해 보세요.

아주머니가 시장에서 아이들에게 줄 떡 8개를 샀습니다. 산길을 따라 집으로 가고 있는데 갑자기 호랑이가 나타나, "어흥, 떡 5개 주면 안 잡아 먹지." 호랑이를 보고 깜짝 놀란 아주머니는 떡 5개를 주었습니다. 호랑이가 멀리 떠나자 아주머니는 집으로 와서 아이들에게 남은 떡을 주었습니다. 아주머니가 아이들에게 준 떡은 몇 개일까요?

3 개

1주

다음을 읽고, 물음에 답하세요.

달걀 9개가 있습니다. 어머니가 저녁을 하는 데 달걀 3개를 썼습니다. 남은 달걀은 몇 개일까요?

6 개

초콜릿 8개를 민지와 수영이가 나누어 먹습니다. 민지가 4개를 먹었다면 수영이는 몇 개를 먹었을까요?

4 개

민지   수영

20 소마셈 - P5

1주 – 8과 9 가르기 **21**

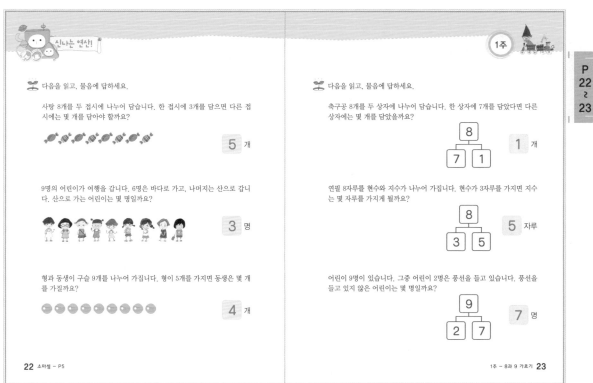

신나는 연산!

다음을 읽고, 물음에 답하세요.

사탕 8개를 두 접시에 나누어 담습니다. 한 접시에 3개를 담으면 다른 접시에는 몇 개를 담아야 할까요?

5 개

9명의 어린이가 여행을 갑니다. 6명은 바다로 가고, 나머지는 산으로 갑니다. 산으로 가는 어린이는 몇 명일까요?

3 명

형과 동생이 구슬 9개를 나누어 가집니다. 형이 5개를 가지면 동생은 몇 개를 가질까요?

4 개

1주

다음을 읽고, 물음에 답하세요.

축구공 8개를 두 상자에 나누어 담습니다. 한 상자에 7개를 담았다면 다른 상자에는 몇 개를 담았을까요?

8 / 7 1

1 개

연필 8자루를 현수와 지수가 나누어 가집니다. 현수가 3자루를 가지면 지수는 몇 자루를 가지게 될까요?

8 / 3 5

5 자루

어린이 9명이 있습니다. 그중 어린이 2명은 풍선을 들고 있습니다. 풍선을 들고 있지 않은 어린이는 몇 명일까요?

9 / 2 7

7 명

22 소마셈 - P5

1주 – 8과 9 가르기 **23**

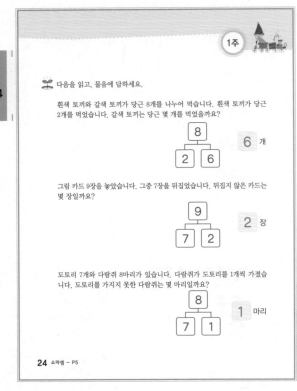

1주

다음을 읽고, 물음에 답하세요.

흰색 토끼와 갈색 토끼가 당근 8개를 나누어 먹습니다. 흰색 토끼가 당근 2개를 먹었습니다. 갈색 토끼는 당근 몇 개를 먹었을까요?

```
    8
  2   6
```
6 개

그림 카드 9장을 놓았습니다. 그중 7장을 뒤집었습니다. 뒤집지 않은 카드는 몇 장일까요?

```
    9
  7   2
```
2 장

도토리 7개와 다람쥐 8마리가 있습니다. 다람쥐가 도토리를 1개씩 가졌습니다. 도토리를 가지지 못한 다람쥐는 몇 마리일까요?

```
    8
  7   1
```
1 마리

1 일 차   **개수 세어 8 모으기**

2주   월 일

두 주머니의 구슬을 모아 8개가 되도록 빈 주머니에 ○를 그려 보세요.

두 주머니의 구슬을 모아 8개가 되도록 빈 주머니에 ○를 그려 보세요.

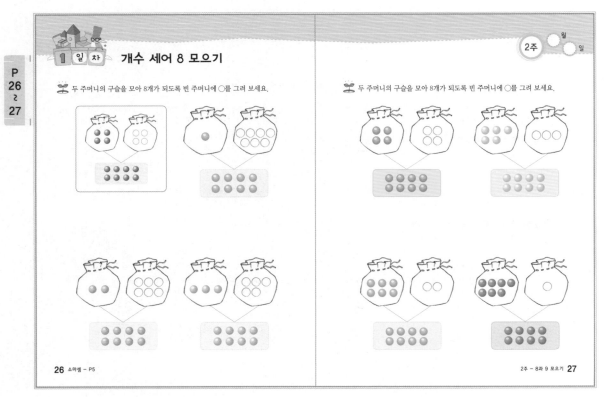

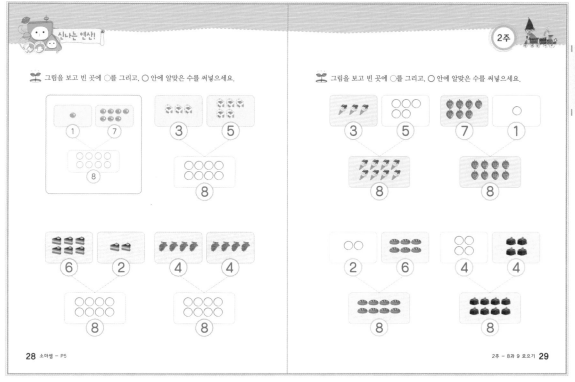

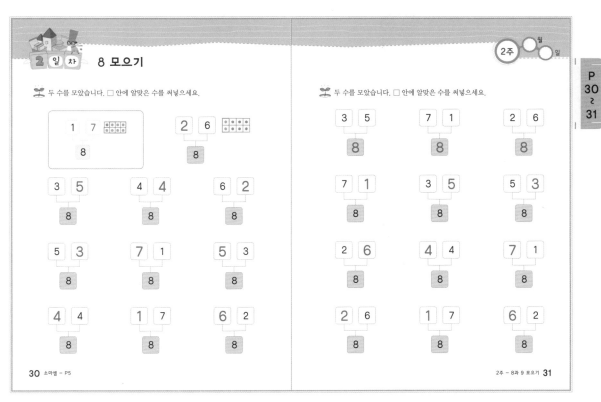

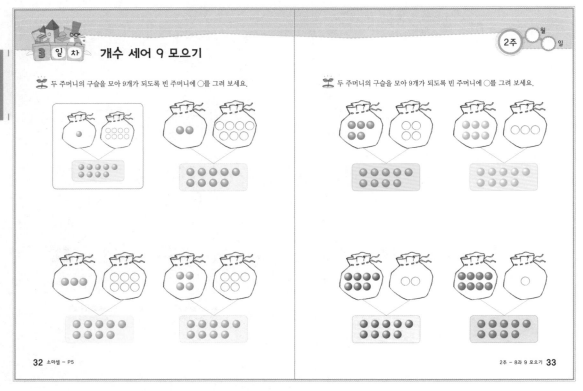

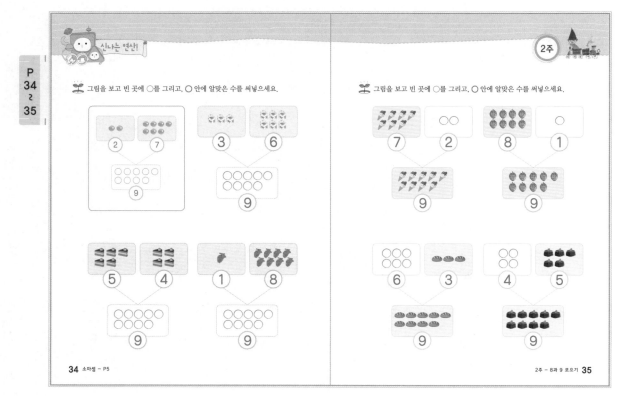

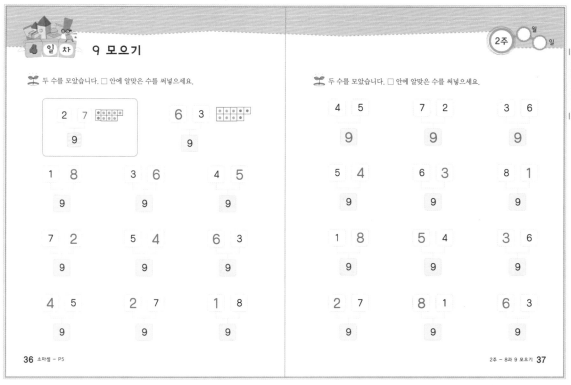

9 모으기

두 수를 모았습니다. □ 안에 알맞은 수를 써넣으세요.

| 2 | 7 | ▦ | | 6 | 3 | ▦ |
| **9** | | | | | **9** | |

| 1 | 8 | | 3 | 6 | | 4 | 5 |
| **9** | | | **9** | | | **9** | |

| 7 | 2 | | 5 | 4 | | 6 | 3 |
| **9** | | | **9** | | | **9** | |

| 4 | 5 | | 2 | 7 | | 1 | 8 |
| **9** | | | **9** | | | **9** | |

두 수를 모았습니다. □ 안에 알맞은 수를 써넣으세요.

| 4 | 5 | | 7 | 2 | | 3 | 6 |
| **9** | | | **9** | | | **9** | |

| 5 | 4 | | 6 | 3 | | 8 | 1 |
| **9** | | | **9** | | | **9** | |

| 1 | 8 | | 5 | 4 | | 3 | 6 |
| **9** | | | **9** | | | **9** | |

| 2 | 7 | | 8 | 1 | | 6 | 3 |
| **9** | | | **9** | | | **9** | |

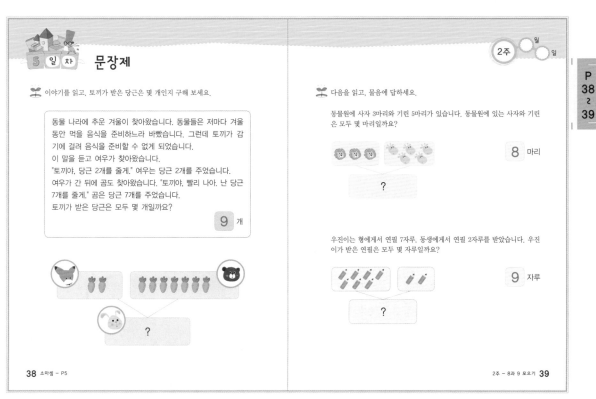

문장제

이야기를 읽고, 토끼가 받은 당근은 몇 개인지 구해 보세요.

동물 나라에 추운 겨울이 찾아왔습니다. 동물들은 저마다 겨울 동안 먹을 음식을 준비하느라 바빴습니다. 그런데 토끼가 감기에 걸려 음식을 준비할 수 없게 되었습니다.
이 말을 듣고 여우가 찾아왔습니다.
"토끼야, 당근 2개를 줄게." 여우는 당근 2개를 주었습니다.
여우가 간 뒤에 곰도 찾아왔습니다. "토끼야, 빨리 나아. 난 당근 7개를 줄게." 곰은 당근 7개를 주었습니다.
토끼가 받은 당근은 모두 몇 개일까요?

9 개

다음을 읽고, 물음에 답하세요.

동물원에 사자 3마리와 기린 5마리가 있습니다. 동물원에 있는 사자와 기린은 모두 몇 마리일까요?

8 마리

?

우진이는 형에게서 연필 7자루, 동생에게서 연필 2자루를 받았습니다. 우진이가 받은 연필은 모두 몇 자루일까요?

9 자루

?

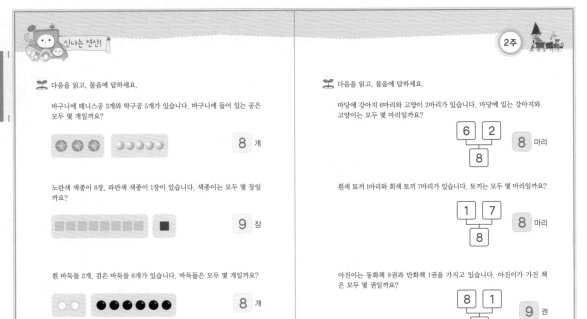

다음을 읽고, 물음에 답하세요.

바구니에 테니스공 3개와 탁구공 5개가 있습니다. 바구니에 들어 있는 공은 모두 몇 개일까요?

8 개

노란색 색종이 8장, 파란색 색종이 1장이 있습니다. 색종이는 모두 몇 장일까요?

9 장

흰 바둑돌 2개, 검은 바둑돌 6개가 있습니다. 바둑돌은 모두 몇 개일까요?

8 개

40 소마셈 – P5

2주

다음을 읽고, 물음에 답하세요.

마당에 강아지 6마리와 고양이 2마리가 있습니다. 마당에 있는 강아지와 고양이는 모두 몇 마리일까요?

6 2
8

8 마리

흰색 토끼 1마리와 회색 토끼 7마리가 있습니다. 토끼는 모두 몇 마리일까요?

1 7
8

8 마리

아진이는 동화책 8권과 만화책 1권을 가지고 있습니다. 아진이가 가진 책은 모두 몇 권일까요?

8 1
9

9 권

2주 – 8과 9 모으기 **41**

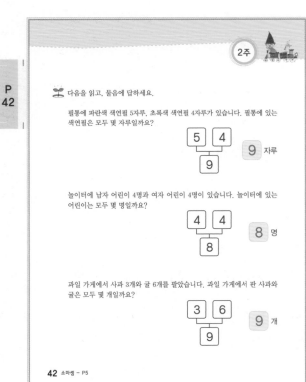

2주

다음을 읽고, 물음에 답하세요.

필통에 파란색 색연필 5자루, 초록색 색연필 4자루가 있습니다. 필통에 있는 색연필은 모두 몇 자루일까요?

5 4
9

9 자루

놀이터에 남자 어린이 4명과 여자 어린이 4명이 있습니다. 놀이터에 있는 어린이는 모두 몇 명일까요?

4 4
8

8 명

과일 가게에서 사과 3개와 귤 6개를 팔았습니다. 과일 가게에서 판 사과와 귤은 모두 몇 개일까요?

3 6
9

9 개

42 소마셈 – P5

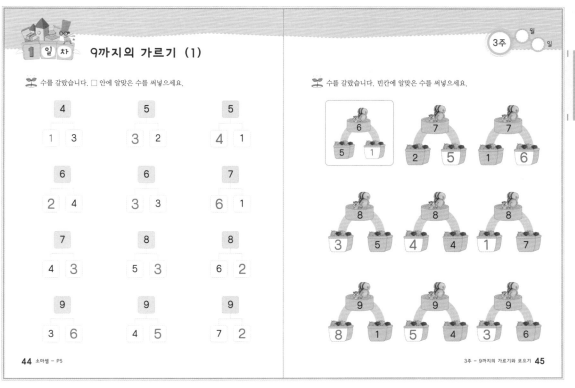

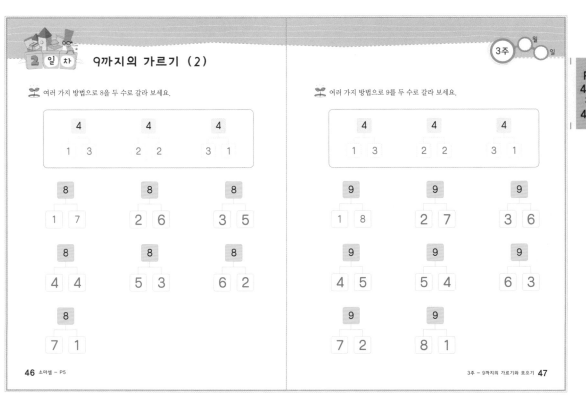

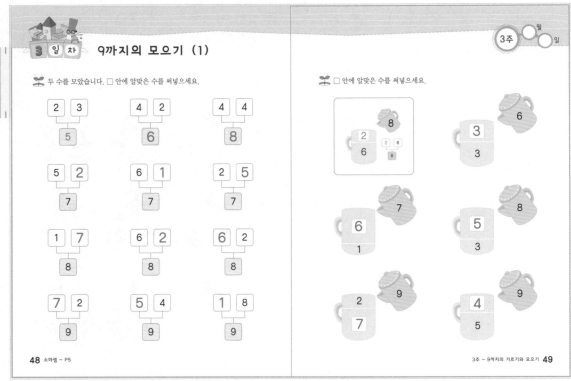

3주 – 9까지의 가르기와 모으기 **49**

3 일 차 9까지의 모으기 (2)

3주 월 일

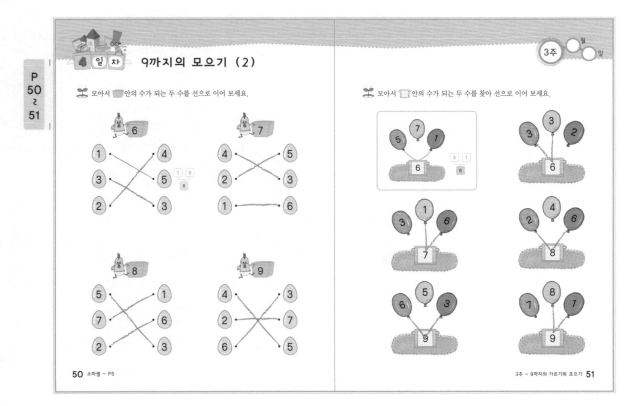

3주 – 9까지의 가르기와 모으기 **51**

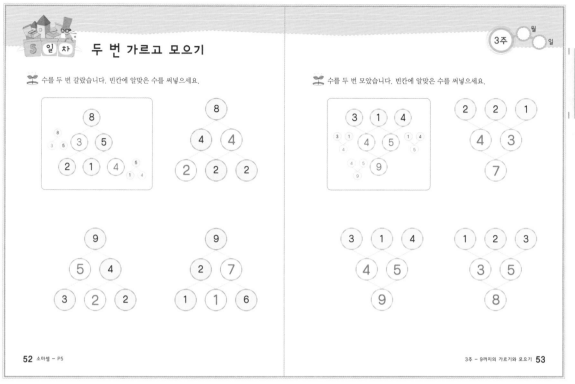

5 일차 두 번 가르고 모으기

🌱 수를 두 번 갈랐습니다. 빈칸에 알맞은 수를 써넣으세요.

🌱 수를 두 번 모았습니다. 빈칸에 알맞은 수를 써넣으세요.

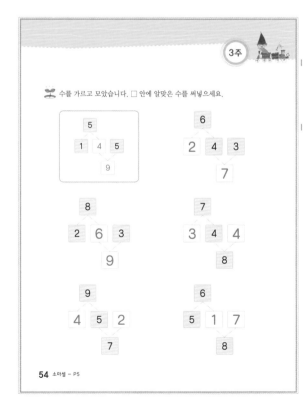

🌱 수를 가르고 모았습니다. □ 안에 알맞은 수를 써넣으세요.

1 일차 **똑같게 나누기**

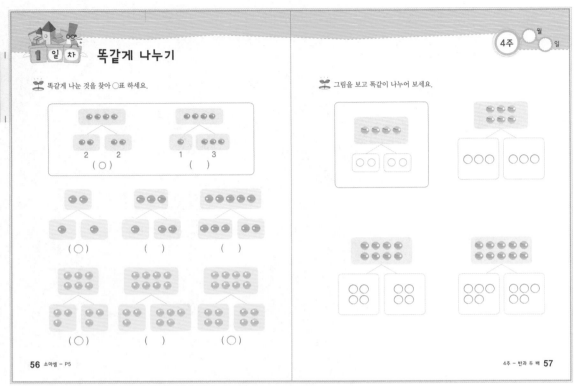

똑같게 나눈 것을 찾아 ○표 하세요.

그림을 보고 똑같이 나누어 보세요.

56 소마셈 – P5

4주 – 반과 두 배 **57**

2 일차 **똑같게 가르기**

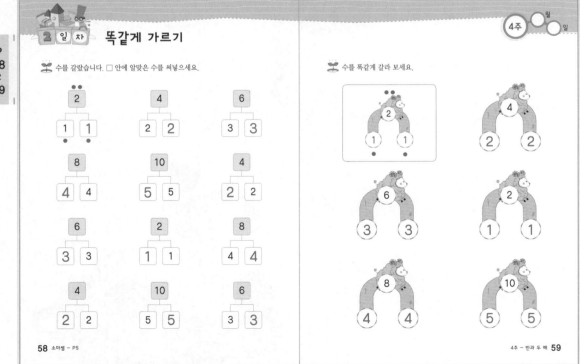

수를 갈랐습니다. □ 안에 알맞은 수를 써넣으세요.

수를 똑같게 갈라 보세요.

58 소마셈 – P5

4주 – 반과 두 배 **59**

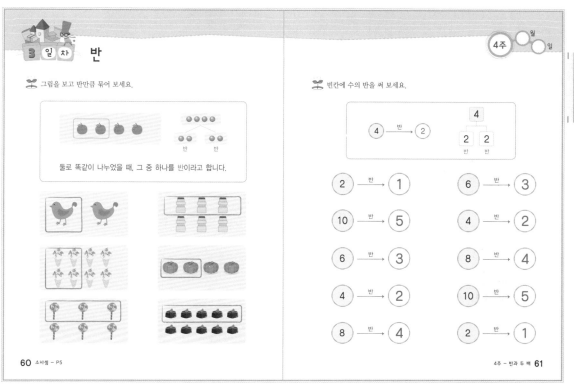

3 일 차 반

그림을 보고 반만큼 묶어 보세요.

둘로 똑같이 나누었을 때, 그 중 하나를 반이라고 합니다.

빈칸에 수의 반을 써 보세요.

60 소마셈 – P5

4주 – 반과 두 배 61

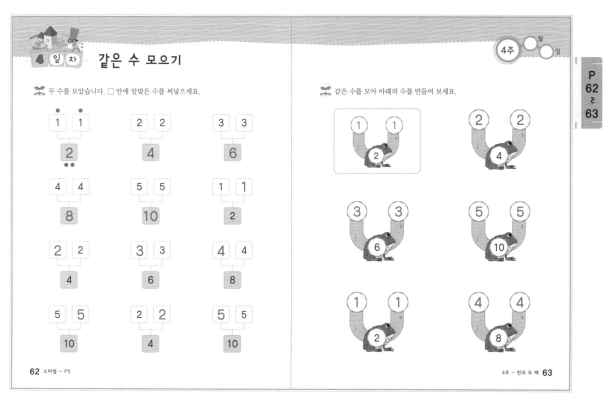

4 일 차 같은 수 모으기

두 수를 모았습니다. □ 안에 알맞은 수를 써넣으세요.

같은 수를 모아 아래의 수를 만들어 보세요.

62 소마셈 – P5

4주 – 반과 두 배 63

정답 **91**

정답

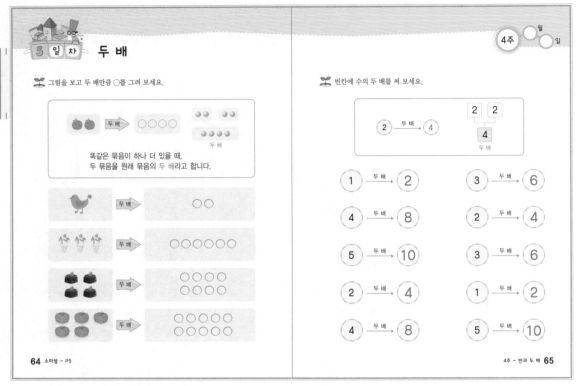

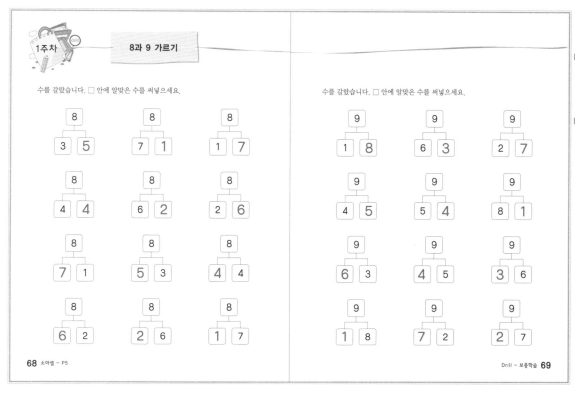

1주차 · 8과 9 가르기

수를 갈랐습니다. □ 안에 알맞은 수를 써넣으세요.

수를 갈랐습니다. □ 안에 알맞은 수를 써넣으세요.

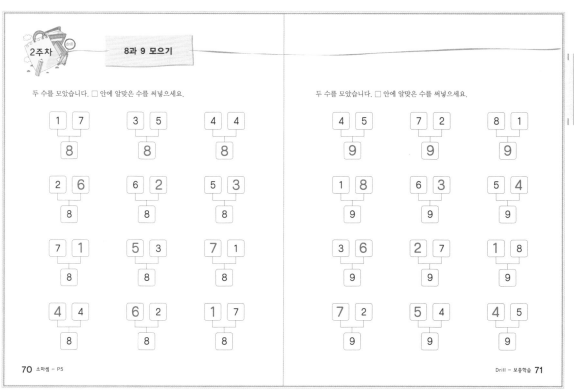

2주차 · 8과 9 모으기

두 수를 모았습니다. □ 안에 알맞은 수를 써넣으세요.

두 수를 모았습니다. □ 안에 알맞은 수를 써넣으세요.

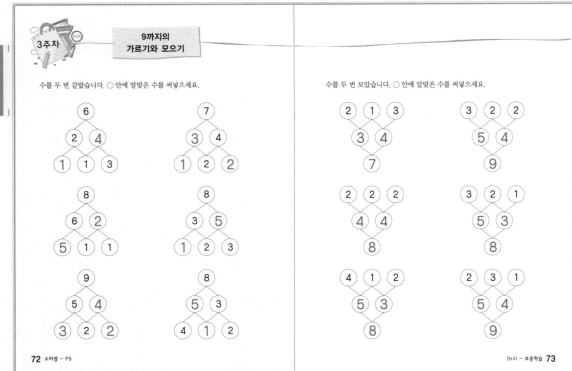

3주차 9까지의 가르기와 모으기

수를 두 번 갈랐습니다. ○ 안에 알맞은 수를 써넣으세요.

수를 두 번 모았습니다. ○ 안에 알맞은 수를 써넣으세요.

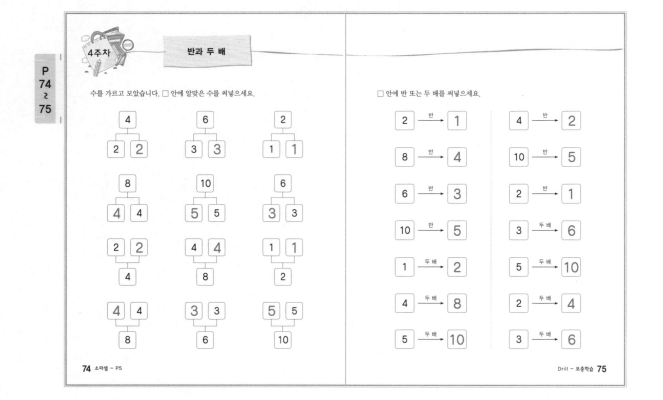

4주차 반과 두 배

수를 가르고 모았습니다. □ 안에 알맞은 수를 써넣으세요.

□ 안에 반 또는 두 배를 써넣으세요.

수 그림 카드

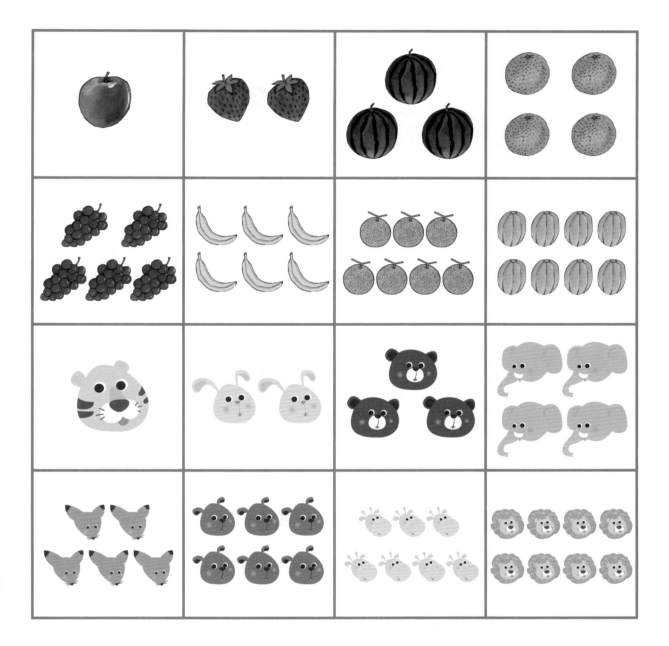

4	3	2	1
8	7	6	5
4	3	2	1
8	7	6	5